Para

De

Fecha

TÚ IMPORTAS

Devociones y oraciones para el *corazón de una joven*

Margot Starbuck

TÚ IMPORTAS

Devociones y oraciones para el *corazón de una joven*

BARBOUR ESPAÑOL
Un Sello de Barbour Publishing

ISBN 979-8-89151-249-8

Título en inglés: *You Matter: Devotions and Prayers for a Teen Girl's Heart*

Publicado por Barbour Español, un sello de Barbour Publishing, Inc., 1810 Barbour Drive, Uhrichsville, Ohio 44683, www.barbourbooks.com.

Desarrollo editorial: Semantics, Inc. Semantics01@comcast.net

Nuestra misión es inspirar al mundo con el mensaje de la Biblia que cambia vidas.

ecpa Member of the Evangelical Christian Publishers Association

Impreso en China.

No temas, que yo te he libertado; yo te llamé por tu nombre, tú eres mío. [...] porque te aprecio, eres de gran valor y yo te amo. Para tenerte a ti y para salvar tu vida entrego hombres y naciones.

ISAÍAS 43:1-4 DHH

Si eres como la mayoría de las chicas, tienes algunos días estupendos y otros no tanto. Hay días en los que te sientes en la cima del mundo y otros en los que parece que nadie se fija en ti ni se preocupa por ti. Incluso con amigos y familiares que te aman y te apoyan, necesitas un ancla sólida para anclarte en las verdades principales sobre ti y sobre Dios.

Tú importas se ha escrito para recordarte cuánto te ama y te valora Dios. Contiene 180 lecturas alentadoras, versículos bíblicos y oraciones, que terminan con afirmaciones de fe que puedes llevar contigo a lo largo del día.

Puesto que tú importas, puedes anclarte en el gran amor de Dios por ti cada día. Puesto que tú importas, Dios quiere usarte para tocar las vidas de los que te rodean. Y puesto que tú importas, Dios tiene un buen futuro reservado para ti.

Hoy, y todos los días, eres de Dios y Él te llama por tu nombre.

HE SIDO CREADA DE UNA FORMA TIERNA Y MARAVILLOSA

Tú creaste mis entrañas; me formaste en el vientre de mi madre. ¡Te alabo porque soy una creación admirable! ¡Tus obras son maravillosas y esto lo sé muy bien!

SALMOS 139:13-14

Alguna de esas veces que tienes un mal día, ¿te has cuestionado si vales algo? Si un amigo te ha dejado de lado o si parece que no le importas a nadie, ¿te has preguntado si tu vida importa acaso? Muchas chicas han tenido pensamientos así. En los Salmos, escuchamos a un escritor que sabe dónde encontrar la respuesta a esa pregunta. Este escritor ha imaginado en oración los comienzos de su vida, y ve a Dios tejiéndolo dentro del cuerpo de su madre. ¿No es una imagen brutal y bella? ¿Puedes tú también ver a Dios formándote y perfeccionándote? Tu valía es inmensa porque eres obra de Dios. Eres preciosa para Dios, y eres infinitamente amada.

Dios, confieso que no siempre siento mi valía con la confianza de este salmista. Pero confío en tu Palabra, y creo que Tú me hiciste, me valoras y me amas. Amén.

PORTADORA DE LA SAGRADA IMAGEN DE DIOS

Y Dios creó al ser humano a su imagen; lo creó a imagen de Dios; hombre y mujer los creó.

GÉNESIS 1:27

Cuando miras tus fotos de cuando eras bebé, ¿a quién te pareces? ¿Tienes la sonrisa de tu madre? ¿Todos dicen que te pareces a tu padre? Si eres adoptada, como yo, ¡tus rasgos pueden darte un pequeño atisbo de las personas de las que procedes! Para bien o para mal, la gente espera que nos parezcamos a quienes nos «hicieron». En el antiguo Oriente Próximo, se creía que los reyes de las naciones eran representantes terrenales de un dios concreto. Por tanto, ¡afirmar que cada individuo reflejaba la imagen de Dios era una idea *radical*! Pero no será el color de tus ojos ni la textura de tu pelo lo que hable de tus raíces. Será la innegable dignidad y valía que tienes por ser una persona creada a imagen de Dios.

Señor, Tú sabes que hay días en los que me cuesta creer que valgo algo. Pero tu Palabra me enseña que soy valiosa y preciosa y digna porque llevo en mí la santa huella de tu imagen. Hoy me aferro a esa seguridad. Amén.

LLAMADAS A SERVIR

Y dijo: «¡Qué extraño! ¡Voy a ver por qué no se quema ese arbusto!» Cuando Dios vio que Moisés se acercaba, le gritó:

—¡Detente Moisés!

Moisés contestó:

—¡Qué pasa, Señor!

ÉXODO 3:3-4 TLA

¿Has visto alguna vez la clásica versión animada de *Príncipe de Egipto*? Dios se aparece a Moisés en una zarza ardiente y lo llama por su nombre. Luego Dios le dice lo que quiere que haga. ¿No sería increíble? Bueno, fue algo duro, ¿pero y la parte de que Dios aparece, te habla y te da instrucciones claras? Dios *te ha* llamado a ser su sierva, pero lo más normal es que no haya zarza ardiente ni voz del cielo. Tal vez un pastor de jóvenes ha notado un don especial en ti. Tal vez el Señor te ha dado oportunidades únicas para servir. O tal vez sirvas mientras respondes a lo que lees en las Escrituras. Presta atención, porque tú y tus dones *importan* para Dios.

Señor, deseo ser fiel en mi respuesta a Ti. Muéstrame cómo, dónde y a quién me has llamado a servir. Amén.

SALVADA POR GRACIA

Porque por gracia ustedes han sido salvados mediante la fe. Esto no procede de ustedes, sino que es el regalo de Dios y no por obras, para que nadie se jacte.

EFESIOS 2:8-9

Aunque sabemos que Jesús nos salvó porque nos ama, puede ser muy tentador pensar que nuestra fe depende de nuestras buenas obras. Caemos en esa trampa cuando creemos que Dios está contento con nosotras porque pasamos horas orando, o somos voluntarias en una residencia de ancianos, o compartimos el evangelio con un desconocido. Sin duda, estas cosas deleitan el corazón de Dios, pero nuestra salvación no depende de ellas. Y aquí vienen las noticias realmente buenas: esa seguridad también significa que cuando fallamos, cuando pecamos contra Dios en cosas pequeñas y grandes, *seguimos* siendo salvas por la gracia de Dios. ¿No es una gran noticia? Más allá de tus resultados, eres de Dios.

Dios, gracias por la seguridad de que me tienes en tu gracia amorosa, incluso cuando fracaso. Estoy agradecida de que mi salvación dependa de Ti y no de mí. Padre, me siento humilde ante tu gracia. Amén.

DIOS TE ESCUCHA, DIOS TE VE

Quien al oír sus quejidos se acordó del pacto que había hecho con Abraham, Isaac y Jacob. Fue así como Dios se fijó en los israelitas y los tomó en cuenta.
ÉXODO 2:24-25

¿Nunca has tenido uno de esos días en los que todo sale mal? Pueden ser cosas pequeñas, como resbalar en el autobús escolar, o derramarte leche con chocolate en la camiseta, o que te venga el periodo durante la clase de inglés. (De acuerdo, eso no son pequeñeces). Pero también puede que te enfrentes a retos mayores. Tal vez tu abuela esté muy muy enferma. O quizás chocaste el auto de tu madre. O puede que tus padres estén pensando en divorciarse. Querida, debes saber que no estás sola. Cuando el pueblo de Dios sufría bajo la esclavitud en Egipto, Dios vio. Dios escuchó. A Dios le importaba. E intervino. Y hoy, Dios te ve, Dios te escucha, Dios se preocupa por ti. El amor de Dios te sostiene.

Señor, cuando cierro los ojos y escucho tu voz, te oigo decir: «Te tengo, niña». Gracias porque Tú estás atento y presente para mí. Sé que puedo confiar en Ti. Amén.

EL DON QUE HAY EN TI

No dejes de usar las capacidades especiales que Dios te dio [...]. Haz todo eso y dedica tiempo para ello, para que todos vean que cada día eres mejor.

1 TIMOTEO 4:14-15 TLA

¿Sabías que hay un don dentro de ti? Lo hay. Quizás ya sepas lo que es o quizás aún no lo hayas descubierto. (Es emocionante, ¿verdad?). Dios te ha dado un don para que seas una constructora de su reino, y cualquier don, o dones, que hayas recibido son para edificar el cuerpo de Cristo. Puede que el don que tengas no sea tan deslumbrante como el de una gimnasta clasificada a nivel nacional o el de esa chica que ha sacado una nota perfecta de acceso a la universidad. Pero tu don es necesario para que el cuerpo de Cristo esté entero y sano. Hoy, pregúntale a Dios qué don te ha dado para bendecir a los demás.

Dios, hay muchos días en los que no siento que tenga mucho que dar a nadie. Pero confío en tu Palabra, y te pido que me muestres el don o los dones que me has dado, para que pueda servirte fielmente a Ti y a tu reino. Amén.

QUÉDATE QUIETA Y RECONOCE

«Quédense quietos, reconozcan que yo soy Dios. ¡Seré exaltado entre las naciones! ¡Seré enaltecido en la tierra!». El SEÑOR de los Ejércitos está con nosotros; nuestro refugio es el Dios de Jacob.

SALMOS 46:10-11

Si eres como muchas adolescentes, puede que tu agenda diaria sea una locura. Es posible que te pongas en marcha antes de las 7 de la mañana y que, para cuando acabes la escuela, los deportes, el grupo de jóvenes y las tareas, sea ya la hora de dormir. Muchas de nosotras nos vemos bombardeadas por obligaciones y responsabilidades que nos hacen perder el tiempo. Pero Dios te está invitando a algo mejor. Ya sea que estés en el autobús escolar o en McDonald's, o haciendo la cena en el microondas, Dios te susurra al oído: «Quédate quieta y reconoce que yo soy Dios». Dios te recuerda algo necesario: que Él es Dios y tú no; y también te invita a hacer una pausa y estar quieta. Programa una alarma en tu teléfono o practica esta pausa con cada comida: respira hondo y di: «Estoy quieta. Porque Tú eres Dios».

¡Señor, Tú sabes lo nerviosa que me pongo! Gracias por el don de la quietud que me permite reconocerte como Aquel que está a cargo de todas las cosas. Amén.

LAVARNOS LOS PIES UNOS A OTROS

Pues si Yo, el Señor y el Maestro, les lavé los pies, ustedes también deben lavarse los pies unos a otros. Porque les he dado ejemplo, para que como Yo les he hecho, también ustedes lo hagan [...]. Si saben esto, serán felices si lo practican.

JUAN 13:14-15, 17 NBLA

Antiguamente, la tarea de lavar los pies se reservaba a los criados. Por eso, cuando Jesús se inclinó para lavar los pies sucios y polvorientos de Pedro, este se resistió. Pero Jesús, que estaba dando ejemplo de cómo debían vivir sus seguidores, insistió en lavarle los pies a su amigo. Además, aconsejó a sus amigos que hicieran los unos por los otros lo que Él había hecho por ellos. ¿Cómo será el «lavar pies» en tu vida? Tal vez signifique frotar los pies de una amiga antes de una manicura y pedicura, pero también podría significar servirle de otras maneras: ayudándola con sus tareas, invitándola a comer o visitándola si ha perdido a un familiar. Pregúntale a Dios cómo te está llamando a servir a tus amigas en su nombre.

Jesús, gracias por mostrarnos la mejor manera de vivir. Inspírame y dame hoy lo necesario para vivir una vida de amor a los demás como la tuya. Amén.

OBSERVA CÓMO ES DIOS

Pero tú, Señor, eres Dios compasivo y misericordioso,
lento para la ira y grande en amor y fidelidad.
Vuélvete hacia mí y tenme piedad;
concédele tu fuerza a este siervo tuyo.
¡Salva al hijo de tu sierva!
SALMOS 86:15-16

A lo largo de la historia, para los seres humanos ha sido natural suponer que Dios es como una «persona», pero a lo grande. Como resultado, esperamos que Dios castigue como un juez, se enoje como nuestro padre, juzgue como nuestra madre o critique como un abuelo. Pero el salmista nos brinda un cuadro de Dios que muestra que Él es *diferente* de muchas de las personas que conocemos. Y el escritor, que ha experimentado el carácter de Dios, insiste en que Él es compasivo y misericordioso. Dios no estalla en cólera, sino que es lento para la ira. Dios no es tacaño en cuanto al amor, sino que abunda en amor y fidelidad. Esta semana, haz una pausa para meditar en el carácter bondadoso, amoroso y fiel de Dios.

Padre, te doy gracias porque Tú eres diferente a todas las personas que he encontrado en mi camino. Continúa revelándome tu bello carácter, para que pueda conocerte, amarte y confiar en Ti. Amén.

CUANDO DIOS DICE NO

Luego, Pablo y Silas viajaron por la región de Frigia y Galacia, porque el Espíritu Santo les había impedido que predicaran la palabra en la provincia de Asia en ese tiempo.

HECHOS 16:6 NTV

No sé tú, pero yo, cuando quiero algo, lo quiero *ya*. Tal vez sea un batido de chocolate. O que me admitan en cierta universidad. O quizá sea una persona con la que me encantaría salir. Pero a veces Dios no me da lo que quiero cuando yo quiero. Sin embargo, cuando a Pablo y Silas las cosas no les salieron como esperaban, la Escritura dice que fue porque el Espíritu Santo *lo impidió*. Esto me hace pensar que, de maneras que no siempre puedo ver, Dios me impide realizar o experimentar algo que podría no ser lo mejor que Él tiene para mí. Y aunque no siempre puedo saber la razón, sí sé que puedo confiar en la bondad de Dios y en su amor por mí.

Señor, Tú conoces los deseos de mi corazón. Y aunque no entiendo por qué no puedo tener lo que quiero cuando yo quiero, confío en que Tú lo sabes todo y estás obrando para mi bien. Gracias por protegerme y amarme. Amén.

DIOS SE CONMUEVE CON LA ORACIÓN

Después de esto Dios fue movido a misericordia.

2 SAMUEL 21:14 NBLA

¿Cuándo fue la última vez que oraste pidiéndole a Dios algo *grande*? Tal vez orabas por alguien enfermo. O tal vez por alguien que pasaba hambre o estaba encarcelado. O tal vez oraste por alguno de los conflictos o guerras que sufrimos en nuestro planeta. Las Escrituras nos aseguran que cuando oramos, Dios *escucha* nuestras oraciones. Y no solo eso, sino que Dios *es movido a misericordia* con tus oraciones. Así que, ¿qué cambiaría en tu vida, hoy, si vivieras cada día como si Dios se persuadiera y conmoviera con tus oraciones? (¡Yo, por mi parte, oraría *más*!). Esta semana, elige algo que tengas en el corazón para presentárselo a Dios cada día, con la seguridad de que Él escucha y le importa.

Dios, me maravilla que no solo escuches mis oraciones, sino que te conmuevas con ellas. Hoy oro llena de convicción con la seguridad de que Tú te interesas y respondes.

SI AMAS A DIOS, AMA A TUS HERMANOS Y HERMANAS

Nosotros amamos porque él nos amó primero. Si alguien afirma: «Yo amo a Dios», pero odia a su hermano, es un mentiroso; pues el que no ama a su hermano, a quien ha visto, no puede amar a Dios, a quien no ha visto. Y él nos ha dado este mandamiento: el que ama a Dios, ame también a su hermano.

1 JUAN 4:19-21

¿Has conocido alguna vez a alguien que fuera una persona bastante «religiosa», pero que no fuera amable con los demás? Tal vez *hablaba* mucho de Dios, pero su comportamiento hacia otras personas te hizo reflexionar. Las Escrituras dejan claro que, si amas a Dios, es imprescindible amar a las personas que te rodean. No podemos amar a Dios, a quien no vemos, si no amamos a las personas, a quienes *sí* vemos. Según Jesús, amar a los demás y amar a Dios son dos cosas que van juntas. No se pueden separar.

Espíritu, alerta mi corazón para que se fije en los rostros de las personas a las que no he amado debidamente. Muéstrame a estas personas tan valiosas y dame el valor para amarlas mejor. Enséñame a amar como Jesús. Amén.

DIOS TE RECUERDA CONSTANTEMENTE

¿Puede una mujer olvidar a su niño de pecho,
Sin compadecerse del hijo de sus entrañas?
Aunque ella se olvidara, Yo no te olvidaré.
En las palmas de Mis manos, te he grabado;
Tus muros están constantemente delante de Mí.

ISAÍAS 49:15-16 NBLA

¿Has cuidado alguna vez de un bebé o has pasado tiempo con un recién nacido de un vecino o familiar? Te darás cuenta de que cuando ese bebé llora, su madre, ya sea biológica o adoptiva, está totalmente pendiente de su llanto. De hecho, las mamás pueden incluso aprender a distinguir el llanto por hambre del llanto por pañal mojado o por sueño. Así que Dios usa este ejemplo extremo de cuidado atento para decir: «Aunque falle el amor humano más fiable, el de una mamá por su recién nacido, mi amor *nunca* falla». Dios incluso promete que tiene nuestros nombres grabados en las palmas de sus manos. Cierra los ojos e imagina tu nombre escrito en la palma de la mano de Dios.

Dios, gracias por enseñarme cómo es tu amor. Y gracias por asegurarme que, aunque fallen los amores humanos, Tú nunca me olvidas. Confío en tu amor, amén.

DIOS VE TU DOLOR

Cuando Jesús llegó a la entrada de la aldea, salía una procesión fúnebre. El joven que había muerto era el único hijo de una viuda, y una gran multitud de la aldea la acompañaba. Cuando el Señor la vio, su corazón rebosó de compasión.

LUCAS 7:12-13 NTV

El evangelista Lucas describe un cortejo fúnebre que pasaba cuando Jesús se acercaba a la puerta de la ciudad. Era el entierro de un joven que había sido el único hijo de su madre. Además, la mujer era viuda. Así que cabe imaginar que este joven que murió había sido todo su mundo. Cuando Jesús la vio, «su corazón rebosó de compasión». Vio sus lágrimas. Y cuando tú estás triste, querida, Dios también ve tus lágrimas. Con esa confianza, preséntale hoy a Dios las heridas de tu corazón.

Señor, te agradezco que no solo ves las heridas de nuestro corazón, sino que además te importan. Creo que cuando ves las heridas que sufro, tu corazón rebosa de compasión. Gracias por tu tierno amor por mí. Amén.

CONFÍA EN QUE DIOS VE TU DOLOR

No teman, ni se acobarden delante de esta gran multitud, porque la batalla no es de ustedes, sino de Dios.
2 CRÓNICAS 20:15 NBLA

A veces nos piden algo que parece *más grande* que nosotras mismas. Quizá estamos intentando ayudar a otros recaudando mucho dinero para una organización benéfica. O tal vez tengamos la especial oportunidad de bendecir a alguien que lucha contra el cáncer donando nuestra médula. A veces Dios nos pone delante grandes oportunidades, y esas oportunidades requieren que confiemos en Él. Cuando Josafat recibió la noticia de que un enorme ejército se acercaba para atacar al pueblo de Judá, buscó al Señor. Y el Señor le aseguró a Josafat que estaría con ellos en la batalla. Dios los ayudaría a hacer algo más grande de lo que podrían hacer por sí solos.

Dios, Tú conoces los retos a los que me enfrento en casa, en la escuela, con los amigos y con otras personas. Y aunque me siento pequeña, confío en tu grandeza. Confío en que Tú puedes ayudarme a hacer algo más grande de lo que puedo hacer yo sola. Amén.

YO SOY LA SIERVA DEL SEÑOR

—Aquí tienes a la sierva del Señor —contestó María—. Que él haga conmigo como me has dicho. Con esto, el ángel la dejó.

LUCAS 1:38

Cuando jugabas con el pequeño belén de juguete que tus padres sacaban cada año en diciembre, o inventabas historias con los personajes de madera expuestos en la repisa de la chimenea, seguro que repetías la historia de Navidad que habías oído en casa o en la iglesia. María dio a luz a Jesús en un pesebre; que canten los ángeles. Pero ¿alguna vez te has parado a decir: «¡Esta es una historia realmente *loca*!». Es absurdo porque María era una adolescente, como tú. Y formaba parte de una sociedad en la que una joven soltera *no* podía estar embarazada. Aunque siglos después todos aceptamos la historia, lo cierto es que la gente de su comunidad *no* habría creído que llevaba en su vientre al Hijo de Dios. En María vemos puesta en práctica una fe en Dios radical y hermosa.

Dios, dame un corazón como el de María.
Ayúdame a decir sí a tu voluntad para mi vida,
aunque implique valentía, sacrificio e incluso
humillación. Pongo mi confianza en Ti. Amén.

DIOS TE ESPERA A TI Y TÚ A DIOS

Así que el SEÑOR esperará a que ustedes acudan a él
para mostrarles su amor y su compasión.
Pues el SEÑOR es un Dios fiel.
Benditos son los que esperan su ayuda.
ISAÍAS 30:18 NTV

No sé a ti, pero a mí no me gusta mucho esperar. Si me apetece comerme una hamburguesa con queso, paso por la ventanilla de recogida para autos. Si quiero ver una película determinada, puedo pedirla por Internet. Si hay un vestido que quiero, me lo envían en unos días. Pero Dios nos ha invitado a un ritmo de vida muy diferente. Aquel que anhela mostrarnos su amor y compasión *nos espera* para que acudamos a Él. ¿No es una imagen preciosa? Y somos llamadas bienaventuradas cuando decidimos bajar el ritmo y esperar la ayuda de Dios. ¿Qué cambiará en tu vida cuando decidas esperar en Dios?

Dios, Tú sabes que si yo fuera el jefe, no elegiría esperar. Pero, por suerte, ¡yo no soy el jefe! Y confío plenamente en lo que Tú provees. Concédeme paciencia para esperar en Ti. Amén.

COMPROMETERSE A ORAR POR LOS DEMÁS

Así que recomiendo, ante todo, que se hagan plegarias, oraciones, súplicas y acciones de gracias por todos, por los reyes y por todas las autoridades, para que tengamos paz y tranquilidad, y llevemos una vida devota y digna. Esto es bueno y agradable a Dios nuestro Salvador, pues él quiere que todos sean salvos y lleguen a conocer la verdad.

1 TIMOTEO 2:1-4

En estos tiempos, mucha gente se apresura a criticar. Ya sea un entrenador que no nos gusta, el director de nuestro instituto o incluso los elegidos para un cargo público, muchas nos apresuramos a condenar a quienes tienen autoridad sobre nosotras. Pero el problema no es nuevo. En la carta de Pablo a un joven seguidor de Jesús llamado Timoteo, desafía al joven a orar, y a orar en particular por aquellos que tienen autoridad. Esto, insiste Pablo, agrada a Dios. ¿Hay alguien por quien Dios te llama a orar?

Señor, Tú sabes que deseo vivir una vida que te agrade. Aviva mi corazón, por tu Espíritu, para orar por los que nos lideran, para hacerlo con súplicas, intercesión y acción de gracias. Amén.

DIOS TE ESCUCHA CUANDO CLAMAS

Si alguien toma en prenda el manto de su prójimo, deberá devolvérselo al caer la noche. Ese manto es lo único que tiene para abrigarse; no tiene otra cosa sobre la cual dormir. Si se queja ante mí, yo atenderé a su clamor, pues soy un Dios misericordioso.

ÉXODO 22:26-27

A veces, cuando oramos, podemos tener la tentación de preguntarnos si Dios nos escucha. En ocasiones, puede parecer que nuestras oraciones chocan con el techo y no llegan a los oídos de Dios. Pero a lo largo de las Escrituras encontramos a un Dios que no solo escucha, sino que está especialmente atento a los necesitados que claman a Él. Es la persona que solo tiene una muda de ropa. Es la persona que está siendo oprimida. Es el que tiene que depender de Dios para liberar a otros. Cuando clames a Dios con las necesidades de tu corazón, debes saber que Dios escucha tu oración y se preocupa por ti.

Dios, creo que Tú me escuchas. Y estoy convencido de que cuando clamo a Ti, Tú me oyes y te interesas y actúas. Hoy pongo mi fe en Ti y en tu bondad. Amén.

¿QUIERES QUE DIOS TE SANE?

Cuando Jesús lo vio allí acostado, y se enteró de cuánto tiempo había estado enfermo, le preguntó: —¿Quieres que Dios te sane?

JUAN 5:6 TLA

El Evangelio de Juan nos muestra una conversación de Jesús con un hombre discapacitado. El hombre estaba buscando ayuda para meterse en un estanque cercano cuando Jesús le preguntó: «¿Quieres que Dios te sane?». El hombre buscaba una cosa, pero Jesús le preguntó si estaba dispuesto a algo *aún mejor*. Así somos nosotros a veces, ¿no? Nos hemos propuesto una cosa, pero Jesús nos tiene reservado algo aún mejor. Cuando Jesús lo sanó, ¡este hombre recogió su camilla ¡y *se puso a andar*! Hoy, aparta tus ojos de eso que ha atrapado tu atención y ponlos en Jesús. Mírale a la cara y hazle saber que confías en Él en cuanto a lo que es mejor para tu vida.

Jesús, reconozco que mi visión es muy limitada. Pongo mi vista en metas pequeñas, cuando Tú me ofreces abundancia. Abre mis ojos para que pueda verte y abrazar lo que Tú tienes para mí. Amén.

JESÚS ALIMENTA A LOS HAMBRIENTOS

Jesús tomó los cinco panes y los dos pescados, miró hacia el cielo y los bendijo [...] y después los discípulos juntaron doce canastas con lo que sobró de pan y pescado. Un total de cinco mil hombres y sus familias se alimentaron.

MARCOS 6:41, 43-44 NTV

Uno de los milagros más famosos que realiza Jesús es la alimentación de más de cinco mil personas con solo cinco pequeños panes y dos peces. En serio, ¡podría caber en una mochila pequeña! Pero cuando sus discípulos le preguntaron qué hacer con aquella gran multitud hambrienta, Jesús, con calma, les ordenó que alimentaran a esa muchedumbre con la comida propia del almuerzo de un niño. Ya se trate de comida, dinero, tiempo o cualquier otra cosa, por naturaleza creemos que para que algo sea posible tenemos que poder verlo con nuestros propios ojos. Pero Jesús demostró que Él puede hacer mucho, mucho más de lo que podemos imaginar. ¿Dónde quiere aumentar Jesús tus limitados recursos?

Jesús, así como multiplicaste unos panes y unos peces, creo que puedes sacar el máximo resultado lo que yo te traigo. Por eso te ofrezco todo lo que tengo, esperando que Tú hagas algo nuevo. Amén.

NO TE PREOCUPES POR NADA

No se preocupen por nada; en cambio, oren por todo. Díganle a Dios lo que necesitan y denle gracias por todo lo que él ha hecho. Así experimentarán la paz de Dios, que supera todo lo que podemos entender. La paz de Dios cuidará su corazón y su mente mientras vivan en Cristo Jesús.

FILIPENSES 4:6-7 NTV

Si tuvieras que hacer una lista con las mayores preocupaciones de tu corazón y de tu mente, ¿qué aparecería en ella? ¿Aprobar el examen de conducir? ¿Tener una cita para el baile? ¿Llegar a la universidad? O puede que esté pasando algo en casa que te esté estresando. Cuando el apóstol Pablo escribió una breve carta a la iglesia de Filipos, quería consolarlos asegurándoles que si algo les preocupaba, podían orar por ello. Podían presentar sus preocupaciones ante Dios y hacerle saber lo que necesitaban. Incluso prometió la paz de Dios cuando le entregamos nuestras preocupaciones.

Dios, Tú probablemente sabes mejor que yo qué pensamientos y preocupaciones están carcomiendo mi corazón y mi mente. Tal como tu Espíritu me lo pide, yo te los entrego. Amén.

SÉ QUE NO DEBERÍA PREOCUPARME, PERO...

¿Y por qué se preocupan por la ropa? Observen cómo crecen los lirios del campo. No trabajan ni hilan; sin embargo, les digo que ni siquiera Salomón, con todo su esplendor, se vestía como uno de ellos.

MATEO 6:28-29

Cuando Jesús enseñaba a las multitudes en su Sermón de la Montaña, preguntó: «¿Y por qué se preocupan por la ropa?». Ahora, para ser claros, las preocupaciones del primer siglo, de personas que muy probablemente eran pobres, eran un poco diferentes de nuestras preocupaciones actuales sobre la moda. A menudo nos preocupamos por llevar lo último o lo más *cool* de la moda. O probamos qué tal lucimos con esta o aquella prenda. Pero muchos de los que estaban escuchando a Jesús tenían problemas hasta para tener un techo, comida en la mesa y ropa para sus hijos. Y el consuelo que Jesús les da a ellos es también el que tiene para nosotras hoy: *Dios cuidará de ti.*

Dios, confieso que me preocupo por cosas que sé que no importan a largo plazo. Pero hoy, ¡parece que sí! Te ofrezco mis preocupaciones e inquietudes, en el nombre de Jesús. Amén.

CUANDO ATACAN LOS ENEMIGOS

Oh Dios, ten misericordia de mí, porque la gente me acosa. Mis enemigos me atacan todo el día [...]. Pero cuando tenga miedo, en ti pondré mi confianza. Alabo a Dios por lo que ha prometido. En Dios confío, ¿por qué habría de tener miedo? ¿Qué pueden hacerme unos simples mortales?

SALMOS 56:1, 3-4 NTV

Cuando leemos lo que los escritores de hace cientos de años escribieron en los Salmos, puede resultar difícil identificarse con algunas de las luchas a las que se enfrentaban: ejércitos en guerra, ataques de animales salvajes o incluso la ofrenda de sacrificios religiosos. Pero la confianza que estos escritores expresaron en la fidelidad inquebrantable de Dios sí es algo de lo que podemos apropiarnos. En el salmo 56, el salmista, acosado por los ataques de sus enemigos, pone su confianza en Dios. Aunque tus enemigos no tengan espadas, es posible que tengan la boca llena de palabras afiladas o amenazadoras para ti. Sea cual sea la amenaza a la que te enfrentes, puedes confiar en que Dios te ayudará.

Dios, Tú conoces el tipo de ataques a los que soy vulnerable. Y cuando me acosen, cuando tenga miedo, pondré mi confianza en Ti. Amén.

PALABRAS QUE DAN VIDA

Toda Escritura está inspirada por Dios y es útil para enseñar y reprender, para corregir y educar en una vida de rectitud, para que el hombre de Dios esté capacitado y completamente preparado para hacer toda clase de bien.

2 TIMOTEO 3:16-17 DHH

¿Alguna vez te has propuesto leer la Biblia de principio a fin? Puede que fuera tu propósito de Año Nuevo o tu proyecto de verano. Muchos de los que intentan esta noble hazaña se quedan atascados a mitad de Éxodo y ni siquiera llegan a Levítico o a Números, ¡que también tienen su dificultad! Y aunque la Biblia incluye todo tipo de escritos –desde históricos hasta legales, canciones, poemas o cartas a la antigua–, se nos asegura que todas las partes de las Escrituras son *útiles* para nosotros. Así que mientras masticas las Escrituras, haciendo todo lo posible por digerir y apreciar la santa Palabra de Dios, debes saber que estás siendo alimentada y fortalecida para lo que sea que Dios haya planeado para ti.

Dios mío, ¡gracias por enviar tu Espíritu para infundir vida a tu Palabra mientras la leo! Ayúdame a escuchar tu voz y responder con obediencia. Amén.

EL AMOR DE DIOS ES FUERTE

Tan alto como el cielo está sobre la tierra, tan fuerte es su amor a los que le temen [...] pues él sabe de qué estamos hechos: sabe bien que somos polvo.

SALMOS 103:11, 13 DHH

Sería gracioso que estuvieras hecha de barro, ¿verdad? Sin embargo, existe una paráfrasis bíblica en inglés, *The Message*, realizada por Eugene Peterson, que traduce exactamente así lo que afirma el salmista. Otras versiones de la Escritura dicen que Dios recuerda que «somos polvo». Y aunque no es un retrato muy halagador, el salmista describe con ternura a Dios como un padre que sabe que somos frágiles. Vulnerables. Débiles. Y sabiendo cómo somos, descubrimos que el amor de Dios por nosotras es suficientemente grande y fuerte.

Dios, Tú conoces en qué y cómo soy débil. En mi debilidad, confío en que Tú eres fuerte. Sé Tú el padre que me ama y me cuida. Amén.

CONFÍA EN QUE DIOS TE ESCUCHA

Escribo estas cosas a ustedes que creen en el nombre del Hijo de Dios, para que sepan que tienen vida eterna. Esta es la confianza que tenemos al acercarnos a Dios: que, si pedimos cualquier cosa conforme a su voluntad, él nos oye. Y si sabemos que Dios oye todas nuestras oraciones, podemos estar seguros de que ya tenemos lo que le hemos pedido.

1 JUAN 5:13-15

A veces, cuando los padres piden a sus hijos que hagan alguna tarea en casa, el niño puede actuar como si no los hubiera oído. (Eso me han contado). O si un niño pide dinero a uno de sus padres para salir con sus amigos, ese padre puede actuar como si no hubiera escuchado la petición. Pero la Palabra de Dios nos asegura que «si pedimos cualquier cosa conforme a su voluntad, él nos oye». No solo eso, sino que se nos dice que cuando Él nos escucha, y nuestras oraciones están dentro de la voluntad de Dios, ¡Dios cumple! ¿Qué le pides a Dios esta semana?

Dios, confieso que me da verguenza pedirte cosas. Sin embargo, me anima la promesa de que Tú escuchas y me inspira la seguridad de que Tú respondes. Escucha hoy las oraciones de mi corazón y de mis labios. Amén.

TODA BUENA DÁDIVA VIENE DE DIOS

Mis queridos hermanos, no se engañen. Toda buena dádiva y toda perfecta bendición descienden de lo alto, donde está el Padre que creó las lumbreras celestes, y quien no cambia ni se mueve como las sombras. Por su propia voluntad nos hizo nacer mediante la palabra de verdad, para que fuéramos como los primeros frutos de su creación.

SANTIAGO 1:16-18

¿Alguna vez has trabajado muy duro para ganar dinero y comprar algo que realmente deseabas? Quizá cuidaste niños todos los fines de semana durante cuatro meses para comprarte un *laptop*. O ahorraste dinero de tu trabajo de mesera para comprarte un teléfono nuevo. Puede ser tentador creer que tenemos cosas buenas gracias a nuestro esfuerzo. Pero Santiago dice que, cuando creemos eso, nos engañamos a nosotras mismas, ya que toda buena dádiva viene de Dios. Así que, en lugar de aplaudir tu propio esfuerzo, acuérdate de dar gracias a Aquel que te ama y que es un proveedor bueno y fiel.

Dios, me has bendecido abundantemente con todo lo que necesito: comida, techo, ropa, educación, familia, amor. Gracias por ser el dador de todas las buenas dádivas. Amén.

YO ESTARÉ CONTIGO

Por lo tanto, ponte en camino, que te voy a enviar ante el faraón para que saques de Egipto a mi pueblo, a los israelitas. Entonces Moisés le dijo a Dios:
—¿Y quién soy yo para presentarme ante el faraón y sacar de Egipto a los israelitas?
Y Dios le contestó: —Yo estaré contigo.

ÉXODO 3:10-12 DHH

Los primeros capítulos del libro de Éxodo describen las insoportables condiciones que sufrió el pueblo de Dios cuando era esclavo en Egipto. Por su gracia, Dios escucha su clamor e interviene. Y el gran plan de Dios es un tipo llamado Moisés. Aunque a menudo pensamos en él como una especie de superhéroe, en realidad no era más que un tipo normal, no muy diferente de ti o de mí. Así que lo que le pregunta a Dios es lo que creo que nosotras también diríamos: «¿Por qué yo?». Y la respuesta de Dios a Moisés es también la que Él nos da cuando nos pide que hagamos grandes cosas: «Yo estaré contigo». Esta semana, aférrate a esas tres palabras sagradas mientras le dices sí a Dios.

Señor, confieso que la mayoría de los días me siento poco capacitada para ser alguien que te representa en el mundo. Pero creo que Tú estás conmigo. Dame valor hoy para defender lo que es justo. Amén.

RESISTE AL DIABLO, ACÉRCATE A DIOS

Por eso, obedezcan a Dios. Háganle frente al diablo, y él huirá de ustedes. Háganse amigos de Dios, y él se hará amigo de ustedes.

SANTIAGO 4:7-8 TLA

¿Alguna vez tus padres te han advertido que evites pasar demasiado tiempo con ciertos amigos, o quizás te han animado a pasar más tiempo con otros? Lo que ellos saben, quizá porque lo aprendieron por las malas, es que aquellos con los que pasamos tiempo influyen en nosotras. Lo bueno de esto es que podemos tomar decisiones inteligentes que nos ayuden a ser las jóvenes que Dios quiere que seamos. Pero no se trata solo de nuestras decisiones sobre salir con los compañeros de la escuela o la iglesia. Podemos elegir, cada día, mantenernos firmes contra el diablo y sus artimañas, y también podemos elegir acercarnos a Dios. ¡Santiago confirma que esas elecciones *importan*!

Padre, sé que no soy una pelota de playa a merced de las olas. Gracias por capacitarme y darme poder para resistir al enemigo y permanecer cerca de Ti. Amén.

EL SECRETO EN TODA CIRCUNSTANCIA

Sé lo que es vivir en la pobreza y lo que es vivir en la abundancia. He aprendido a vivir en todas y cada una de las circunstancias, tanto a quedar saciado como a pasar hambre, a tener de sobra como a sufrir escasez. Todo lo puedo en Cristo que me fortalece.

FILIPENSES 4:12-13

Cuando Pablo escribió a la iglesia de una ciudad llamada Filipos, ¡les contó un secreto! Uno poderoso. Pablo había gozado de un gran prestigio y privilegio como líder religioso judío antes de conocer a Cristo. Sabía lo que era vivir a lo grande. Pero después de que Jesús transformara su vida, sufrió el rechazo y las prisiones por su fe. Así que también sabía lo que era estar abatido, desanimado. El secreto en *ambos casos*, afirma Pablo, es la confianza en que, tanto en la abundancia como en la escasez, Cristo nos da la fuerza.

Jesús, Tú sabes que prefiero tener abundancia a pasar necesidad. Pero confío en que, tenga lo que tenga, Tú me das fuerzas cada día para aguantar e incluso para prosperar. Así que pongo mi confianza en Ti. Amén.

DIOS NOS ABRE LOS OJOS A SU BONDAD

Entonces Dios abrió los ojos de Agar, y ella vio un pozo lleno de agua. Enseguida llenó su recipiente con agua y dio de beber al niño.

GÉNESIS 21:19 NTV

Una de las historias más duras de las Escrituras es cuando Abraham echa de casa a Agar –la madre de Ismael, hijo de Abraham– y a su pequeño, enviándolos al desierto con solo algo de comida y un odre de agua. Cuando se acabó el agua, Agar lloró y se puso a esperar la muerte de Ismael. Pero Dios escuchó el llanto del niño y envió a su ángel para consolar y animar a Agar. Y cuando abrió los ojos, vio un pozo lleno de agua. Dios siguió satisfaciendo sus necesidades, y convirtió a Ismael en el líder de una gran nación. Ella descubrió, y nosotras lo recordamos, que un Dios que es bueno es fiel para presentarse en nuestra ayuda en las circunstancias más difíciles.

Dios, Tú conoces las luchas y los desafíos a los que me enfrento hoy. Y así como Tú proveíste para Agar e Ismael, creo que Tú provees para mis necesidades. Gracias por tu fidelidad. Amén.

¿QUÉ PUEDE HACERME LA GENTE?

Así que podemos decir con toda confianza: «El Señor es quien me ayuda, no tengo miedo; ¿qué me puede hacer un simple mortal?». Acuérdense de sus dirigentes que les comunicaron la palabra de Dios. Consideren cuál fue el resultado de su estilo de vida e imiten su fe. Jesucristo es el mismo ayer, hoy y por siempre.

HEBREOS 13:6-8

¿Alguna vez has trabajado en un rompecabezas o puzzle de lógica y te ha costado dar con la solución? A lo mejor lo dejas de lado un tiempo y, cuando vuelves a él, la respuesta llega en un momento de «¡ajá!». Lo ves desde una nueva perspectiva y la solución se presenta como algo claro. El autor de Hebreos nos invita a un momento como este. En nuestra vida cotidiana, lo más natural es preocuparnos por la gente que nos rodea: las personas para las que trabajamos, con las que vivimos e incluso las que nos dan miedo. Y en una vuelta total en la forma de ver el universo, el escritor anuncia que ningún «mortal» puede realmente hacerle daño, porque Dios es su ayudador. Hoy, Dios es tu ayudador también.

Dios, Tú sabes cómo me preocupo por lo que me pueda pasar. Pero como Tú eres mi ayudador, no temeré. Hoy te confío mi vida. Amén.

TRAS EL FUEGO Y EL AGUA

¡Manadas enteras de caballos nos aplastaron la cabeza! Pasamos por el fuego, cruzamos por el agua, pero finalmente nos trajiste a esta tierra de abundancia [...]. Me diste libertad, ¡me libraste porque me amas!

SALMOS 66:12; 18:19 TLA

Se dice que «en toda vida tiene que caer un poco de lluvia». Es una forma educada de decir que las cosas no siempre salen como nos gustaría. Pero a veces no es solo lluvia; son violentos monzones. Y en ocasiones no solo tenemos un poco de calor: tenemos los pies en el fuego. El salmista nos recuerda que Dios nos lleva a través de las temporadas más difíciles de nuestra vida y luego nos lleva a un hermoso lugar de seguridad y libertad. ¡Y el salmista cree que Dios se complace en él e incluso *se deleita* en él! Cuando miras el rostro de Dios, ¿puedes ver ese semblante lleno de gracia que brilla sobre ti?

Gracias, Dios, porque has estado presente en cada momento de mi vida. Creo que si hoy hace un calor o lluvia exagerados, Tú me llevarás a un buen lugar, porque eres digno de confianza. Amén.

EL BIEN QUE DIOS TIENE PARA LOS QUE LE AMAN

Y sabemos que Dios hace que todas las cosas cooperen para el bien de quienes lo aman y son llamados según el propósito que él tiene para ellos.

ROMANOS 8:28 NTV

Cuando miramos alrededor de nuestros hogares, nuestras comunidades, e incluso el mundo, vemos en cuántas maneras el mundo está roto. Las familias se separan. Los padres se esfuerzan por poder alimentar a la familia. Y naciones enteras sufren por la guerra. El apóstol Pablo sabía que los primeros cristianos intentaban encontrar sentido a los desafíos a los que se enfrentaban, incluida la persecución violenta por su fe. Y Pablo les prometió que, para los que aman a Dios y son llamados por Él, todas las cosas ayudan a bien. Pero hay días en que es difícil verlo, ¿no? Es difícil ver cómo pueden cambiar las dificultades a las que nos enfrentamos. Pero Dios ve lo que nosotros aún no podemos ver.

Señor, mucho de lo que veo a mi alrededor no tiene sentido. No entiendo por qué la gente tiene que sufrir. Pero, como Pablo, estoy dispuesta a confiar en Ti. Hoy confío en que Tú eres bueno. Amén.

LO QUE REALMENTE SATISFACE

¡Vengan a las aguas todos los que tengan sed!
¡Vengan a comprar y a comer los que no tengan dinero!
Vengan, compren vino y leche sin pago alguno.
¿Por qué gastan dinero en lo que no es pan
y su salario en lo que no satisface?
ISAÍAS 55:1-2

Durante varios años, sabía que los alimentos que ingería probablemente no eran los mejores para mí. Como me gusta hacer ejercicio, podía disfrutar de helados, pizzas y pasteles de supermercado sin engordar demasiado, pero sabía que no estaba alimentando mi cuerpo de una forma que me mantuviera sana. Así que cuando mi cuerpo se volvió un poco loco, tuve que cambiar mi dieta, y a regañadientes volví a alimentarme de productos más sanos y menos procesados. Casi podía oír la amorosa invitación de Dios en este pasaje de Isaías, invitándome a la vida que realmente es vida. Aunque nos atraen sustitutos falsos, Dios siempre nos invita a recibir lo que verdaderamente satisface.

Dios, Tú sabes cómo me siento atraída por lo que en realidad no me satisface en lo profundo. Así que recibo Tu invitación a la vida buena que ofreces gratuitamente. ¡Ayúdame a tomar buenas decisiones! Amén.

DÁSELO A DIOS, PORQUE ÉL CUIDA DE TI

Humíllense, pues, bajo la poderosa mano de Dios para que él los exalte a su debido tiempo. Depositen en él toda ansiedad, porque él cuida de ustedes.

1 PEDRO 5:6-7

Si un día cualquiera hiciéramos una pausa, podríamos darnos cuenta de que llevamos una carga más pesada de lo que creemos. Tal vez vivamos con una ansiedad discreta acerca lo que nos deparará el futuro. Y puede que en casa carguemos con el estrés de una relación que no es sana. O puede que tengamos un conflicto con un amigo. ¡O un enemigo! O puede que estemos preocupadas por nuestra salud o la de un ser querido. Por su bondad, el Señor no espera que llevemos esta gran carga nosotras solas. En cambio, se nos invita a «echar» nuestra ansiedad sobre Dios, que es una forma de decir «descargar». Dios anhela recibir todas nuestras preocupaciones porque nos ama.

Señor, gracias por tu amor. Y gracias por recibir Tú todas las preocupaciones que he estado cargando. Una a una, te las entrego. Hoy confío en tu amor por mí. Amén.

ESTO SUCEDIÓ POR UNA RAZÓN

—No está así debido a sus pecados ni a los de sus padres —respondió Jesús—, sino que esto sucedió para que la obra de Dios se hiciera evidente en su vida.

JUAN 9:3

Cuando nos pasan cosas malas, lo primero que por naturaleza hacemos es preguntarnos: «¿Qué he hecho yo para merecer esto?». Si un novio rompe con nosotras o tenemos un accidente de auto, nuestro impulso puede ser creer que hemos hecho algo para «merecerlo». Y esa sospecha nos ha acompañado a lo largo de la historia. En el siglo I, si alguien nacía con una discapacidad, la comunidad se preguntaba si los padres o el niño habían pecado. Pero Jesús da vuelta a nuestras sospechas cuando responde: «Esto sucedió para que la obra de Dios se hiciera evidente en su vida». Si hay una situación en tu vida que no entiendes, pregúntale a Dios: «¿Cómo se va a mostrar tu obra a través de esto?».

Dios, confieso que no siempre entiendo tus caminos. Pero confío en que Tú me amas y en que eres bueno. Muéstrame cómo puede manifestarse tu bondad a través de mi vida. Amén.

COMIDA QUE NADIE MÁS PUEDE VER

Pero él les dijo: —Yo tengo una comida que ustedes no conocen [...]. Mi comida es obedecer a Dios, y completar el trabajo que él me envió a hacer.

JUAN 4:32, 34 TLA

Cuando Jesús y sus compañeros pasaban por un pueblo samaritano llamado Sicar, ellos fueron a la tienda de comestibles para buscar algo para almorzar, y Jesús se quedó atrás. En la conversación más inesperada entre Jesús y una mujer samaritana —a la que no debería haberle dirigido la palabra porque no era de su raza, religión ni sexo—, ella llega a experimentar la gracia de Dios. Y cuando sus amigos regresan y se sorprenden por esa conversación, instan a Jesús a comer. Pero Él enseña a sus discípulos que su comida es *¡agradar a Dios*! Y seguro que agradó a Dios, porque muchos de ese pueblo creyeron en Jesús por el testimonio de la mujer. ¿Cuál es el trabajo que Dios te ha encomendado y en el que encuentras satisfacción?

Señor, dame hambre de hacer tu voluntad. Muéstrame la clase de trabajo que has preparado para mí y que saciará el hambre profunda de mi corazón. Amén.

EL SEÑOR HACE FLORECER

A José le fue muy bien allí, en la casa de su amo egipcio, pues Dios estaba con él. Potifar vio que Dios ayudaba a José y hacía que todo le saliera bien.
GÉNESIS 39:2-3 TLA

A veces podemos caer en la tentación de pensar que por fin seremos felices, o que por fin podremos vivir nuestro propósito, cuando alcancemos tal o cual meta. Quizá pensamos que seremos felices si tenemos novio. O por fin seremos felices cuando vivamos solas en la universidad. O que llegaremos a vivir el propósito de Dios para nuestras vidas cuando tengamos veinte años. Pero las Escrituras nos cuentan que Dios usó a un esclavo llamado José para cumplir sus propósitos. Como José fue fiel allí donde estaba, Dios lo usó y lo bendijo. ¿De qué manera te pide Dios que le seas fiel allí donde estás?

Dios, algunos días me gustaría que mis circunstancias fueran diferentes. Pero confío en que Tú puedes usarme, y quieres usarme, justo donde estoy. Acompáñame en mi propósito de honrarte. Amén.

EL QUE NUNCA SE VA

De día, el Señor los acompañaba en una columna de nube, para señalarles el camino; y de noche, en una columna de fuego, para alumbrarlos [...]. La columna de nube siempre iba delante de ellos durante el día, y la columna de fuego durante la noche.

ÉXODO 13:21-22 DHH

La mayoría de nosotras experimentaremos rupturas. Quizá nos dieron en adopción cuando éramos niñas. Quizá perdimos a uno de nuestros padres por un divorcio. O a un hermano que murió. O puede que simplemente experimentemos los golpes y magulladuras cotidianos propios de la relación con otros. Y anhelamos ser amadas por Alguien que nunca falla ni nos abandona. Cuando el pueblo de Dios peregrinaba por el desierto, su presencia entre ellos era palpable: una columna de nube de día y una columna de fuego de noche. Podían *ver* con sus ojos que la presencia de Dios estaba con ellos. Aunque Dios ya no adquiere forma física, tenemos la seguridad de que, de día o de noche, Dios nunca nos deja ni nos abandona.

Dios, Tú sabes que mi corazón anhela un amor firme que nunca falle. Gracias porque puedo confiar en Ti. Te agradezco que nunca me abandones. Amén.

EL QUE LLEVA LA CUENTA DE NUESTRAS ANGUSTIAS

Tú llevas la cuenta de todas mis angustias y has juntado todas mis lágrimas en tu frasco; has registrado cada una de ellas en tu libro [...]. Una cosa sé: ¡Dios está de mi lado!

SALMOS 56:8-9 NTV

Cuando sufrimos, tenemos la tentación de creer que estamos solas. Que nadie se interesa por nosotras. Que no importamos. Pero tenemos la seguridad, en la Palabra de Dios, de que Él ve, Él oye, Él sabe y Él se interesa. Y el salmista anuncia esa misma promesa con preciosas palabras: «Llevas la cuenta de todas mis angustias». Lo que eso significa es que cualquier herida que hayas experimentado en tu más tierna infancia, tal vez incluso antes de que tuvieras memoria, Dios la tiene en su cuenta. Y cuando otros pecan contra ti, Dios lleva la cuenta de esas ofensas. Lo que resulta tan liberador de esta promesa es que, como Dios lleva la cuenta, *ya no tenemos que llevarla nosotras*. En lugar de eso, tenemos la confianza de que podemos dejar nuestras heridas y daños al cuidado de Dios.

Una cosa sé, Señor: ¡Estás de mi lado! Y como Tú estás de mi lado, no tengo por qué alimentar viejas heridas u ofensas. En este momento, las entrego a tu cuidado. Amén.

JESÚS TE BUSCA

Estaba tratando de ver quién era Jesús, pero la multitud se lo impedía, pues era de baja estatura. Por eso se adelantó corriendo y se subió a un árbol sicómoro para poder verlo, ya que Jesús iba a pasar por allí. Llegando al lugar, Jesús miró hacia arriba y le dijo:
—Zaqueo, baja enseguida. Tengo que quedarme hoy en tu casa.
Así que se apresuró a bajar y, muy contento, recibió a Jesús en su casa.

LUCAS 19:3-6

Cuando oímos hablar del amor de Dios en la iglesia, algunos nos apresuramos a aceptar que Dios nos ama. Pero en lo profundo de nuestro ser, nos cuesta decir: «Sé que Dios me ama». Nos resulta más fácil creer que Dios ama a otras personas, sobre todo a las «buenas», y no a nosotras. Pero, en medio de una gran multitud, vemos a Jesús dirigirse hacia el tipo que menos te esperarías. Zaqueo era un recaudador de impuestos que explotaba a sus vecinos para su propio beneficio económico, así que todos en su comunidad lo odiaban. Sin embargo, ¡esta es la persona a la que Jesús eligió para pasar el día!

Jesús, ¡gracias porque tus valores no son como los del mundo! Y gracias porque Tú me amas incluso más de lo que yo me amo a mí misma algunos días. Ayúdame a recibir tu amor hoy. Amén.

DIOS NOS INVITA A SER CONSTRUCTORAS DE SU REINO

En verdad, nada hace el SEÑOR y Dios sin antes revelar sus planes a sus siervos los profetas.
AMÓS 3:7

Antes de ser llamado por Dios para ser profeta, Amós era agricultor y pastor. A diferencia de muchos a los que Dios llamó como profetas, Amós no pertenecía a ninguna escuela ni linaje de profetas. Sin embargo, tal como parece ser el modo de actuar de Dios, eligió a este inesperado candidato para que hablara en nombre de Él. Y aunque Dios es soberano y no depende de la humanidad para cumplir su voluntad, Amós exclama que Dios no hace nada «sin antes revelar sus planes a sus siervos los profetas». Dios ha decidido usar a seres humanos frágiles como socios para que venga su reino en la tierra como en el cielo. ¡Y el método que Dios estableció entre su antiguo pueblo lo continuó en la persona de Jesús y hoy *en nosotras*! ¿Cómo te ha llamado Dios a participar en la construcción de su reino?

Señor, es una locura que utilices a gente como Amós, y como yo, para llevar a cabo tus buenos propósitos. Ayúdame a ser fiel como sierva que anhela complacerte. Amén.

ALÉGRATE CUANDO ENCUENTRES A LOS PERDIDOS

Al llegar, reúne a sus amigos y vecinos y les dice: «Alégrense conmigo; ya encontré la oveja que se me había perdido». Les digo que así es también en el cielo: habrá más alegría por un solo pecador que se arrepienta que por noventa y nueve justos que no necesitan arrepentirse.

LUCAS 15:6-7

¿Alguna vez has sentido que la iglesia los domingos por la mañana puede parecer un club? Puede ser tentador creer que el grupo con el que nos reunimos y adoramos son como los «de adentro» para Dios y los del otro lado de las puertas de la iglesia son los «de afuera». Y en cierto sentido, ¡es verdad! Pero, en una serie de historias breves, Jesús muestra lo que Dios siente hacia los de fuera, y dice que un pastor dejará a los noventa y nueve de dentro para ir tras esa *única oveja* que se ha extraviado. Si piensas en las personas de tu círculo en la escuela, o en los deportes, en tu trabajo, o en tu vecindario, ¿quién es esa «oveja» que Dios busca con tanta pasión? ¿Cómo puedes compartir el amor de Dios con esa persona?

Buen Pastor, Tú has mostrado lo que sientes por los perdidos. Inspírame para compartir tu pasión por los que están perdidos y también para unirme a Ti para buscarlos con amor. Amén.

HAS SIDO LLAMADA POR TU NOMBRE

Escucha al SEÑOR, quien te creó [...]. «No tengas miedo, porque he pagado tu rescate; te he llamado por tu nombre; eres mío [...]. Desde la eternidad y hasta la eternidad, yo soy Dios. No hay quien pueda arrebatar a nadie de mi mano; nadie puede deshacer lo que he hecho».

ISAÍAS 43:1, 13 NTV

¿Alguno de tus padres tenía un apodo cariñoso para ti que te encantaba? ¿O tal vez una amiga te puso un apodo especial que te hace sentir conocida y amada? Cuando Isaías nos invita a escuchar la voz del Señor, Dios anuncia: «Te he llamado por tu nombre; eres mío». Es como si Dios dijera: «No te amo porque tu familia vaya a la iglesia. ¡No te amo por circunstancias!». Dios te conoce en lo íntimo y te ha llamado suya. (¡Incluso puede que tenga un nombre especial para ti!). Y el llamado de Dios, nos asegura Isaías, es irrevocable. Nadie puede arrebatarnos del amoroso cuidado de Dios.

Dios, gracias por esta seguridad de que te pertenezco. Porque te importo, personalmente. Estoy de acuerdo con la verdad de que nadie puede arrebatarme de tu mano. Hoy, permíteme caminar contigo. Amén.

AMA A TUS ENEMIGOS

Ustedes, por el contrario, amen a sus enemigos, háganles bien y denles prestado sin esperar nada a cambio. Así tendrán una gran recompensa y serán hijos del Altísimo, porque él es bondadoso con los ingratos y malvados.

LUCAS 6:35

¿Ha visto alguna vez una película en la que una enemistad entre bandas callejeras rivales se perpetúa porque los miembros buscan vengar el mal que les han hecho sus enemigos? También hay naciones en todo el mundo en las que generaciones han estado enfrentadas y siguen buscando venganza durante siglos. Como seres humanos, así es como estamos programados por naturaleza. Pero Jesús, el Maestro radical, introduce una nueva manera de vivir. El amor al estilo de Jesús hace el bien a quienes nos amenazan. Y presta su ayuda a los rivales sin ninguna expectativa de retorno. ¿Hay alguna relación en la que Jesús te esté invitando a poner en práctica un tipo de amor sorprendente?

Jesús, Tú conoces a las personas de mi vida que me resultan más difíciles de amar. Envía tu Espíritu para equiparme e inspirarme a amarlos como Tú los amas, en tu nombre. Amén.

ERES AMADA CON AMOR ETERNO

Hace mucho tiempo se me apareció el SEÑOR y me dijo:
«Con amor eterno te he amado;
por eso te he prolongado mi fidelidad».
JEREMÍAS 31:3

En nuestro idioma hay muchos usos diferentes para la palabra *amor*. *Amamos* el chocolate. *Amamos* a nuestros abuelos. *Amamos* a Dios. *Amamos* a la mascota de la familia. Una palabra significa muchas cosas diferentes. Pero la palabra hebrea para el amor de Dios que se usa en el Antiguo Testamento es un tipo particular de amor. Esa palabra es *hesed*. ¡El tipo de amor *hesed* de Dios no es la clase de amor que podríamos sentir por un minuto al enamorarnos de un chico! Más bien, la palabra indica un amor firme, fiel y duradero. Un amor con sustancia. Un amor que dura. Y ese es el *tipo* de amor con el que Dios te ama y me ama.

Señor, te doy gracias porque tu amor por mí es de una categoría diferente a cualquiera de los amores que he conocido. Te doy gracias porque soy importante para Ti y puedo confiar en tu amor inagotable. Amén.

DIOS NUNCA TE OLVIDA

¿Cuánto cuestan cinco gorriones: dos monedas de cobre? Sin embargo, Dios no se olvida de ninguno de ellos. Y, en cuanto a ustedes, cada cabello de su cabeza está contado. Así que no tengan miedo; para Dios ustedes son más valiosos que toda una bandada de gorriones.

LUCAS 12:6-7 NTV

En el mundo antiguo, los gorriones no eran caros. De hecho, hoy podríamos decir que se vendían «a diez centavos la docena». Un precio tan bajo sugiere la posibilidad de que estas aves fueran insignificantes o no tuvieran mucho valor. Pero Jesús subraya a sus oyentes en que Dios se acuerda de cada uno de ellos. (Es como decir que Él conoce y recuerda a todos los mosquitos de una gran nube de mosquitos). Dios no se olvida de ninguno, y no se olvida de ti. Jesús continúa diciendo que Dios no solo se acuerda de nosotros, sino que incluso sabe cuántos cabellos tenemos en la cabeza. Jesús cuenta estas historias porque está convencido de que somos de gran valor para Dios, y quiere que lo recibamos en lo más profundo de nuestro interior.

Señor, algunos días es difícil creer que soy preciosa y valiosa para Ti. Gracias por tu Palabra, a través de los labios de tu Hijo, insistiendo en que soy de valor ante tus ojos. Amén.

SER SABIA CON LOS DEMÁS

Vivan sabiamente con los que no creen en Cristo, aprovechando al máximo cada momento oportuno. Que su conversación sea siempre amena y de buen gusto. Así sabrán cómo responder a cada uno.

COLOSENSES 4:5-6

¿Has pensado alguna vez en lo que piensan los que no son cristianos cuando miran a los seguidores de Jesús? Aunque estoy segura de que hay toda una gama de pensamientos, sé, como el apóstol Pablo, que se fijan en nuestro comportamiento. Escuchan cómo hablamos de los demás. Observan cómo gastamos nuestro dinero. Miran cómo tratamos a los marginados del mundo. Naturalmente, ellos *se fijan*. Cuando Pablo enseñaba a los primeros cristianos de Colosas a vivir fielmente, les enseñaba cómo comportarse con los que no formaban parte del cuerpo de Cristo. Y les animaba vivir sabiamente. Esta semana, aprovecha al máximo las oportunidades que tengas para mostrar a Cristo viviendo en ti.

Dios, dame sabiduría. Deseo profundamente representarte bien ante los que están fuera de la fe. Dame gracia para que pueda hablar y amar como es debido. Amén.

AUNQUE CAIGAS, EL SEÑOR TE SOSTIENE

Cuando a Dios le agrada
la conducta de un hombre,
lo ayuda a mantenerse firme.
Tal vez tenga tropiezos,
pero no llegará a fracasar
porque Dios le dará su apoyo.
SALMOS 37:23-24 TLA

A veces podemos creer, erróneamente, que, cuando hemos entregado nuestra vida a Dios, ya nunca volveremos a tropezar ni a caer. No pecaremos. No cometeremos errores. No sufriremos. Pero, por desgracia, no es así como funciona la vida de fe. El salmista describe a la persona que confía en Dios, que es guiada por el Señor. Esta persona tiene la intención de seguir a Dios, pero, como tú y como yo, también se enfrentará a desafíos y pasos en falso. Pero el salmista anuncia: «Dios le dará su apoyo». Esta semana, cuando más necesites la ayuda de Dios, fíjate en las formas en que Dios te toma de la mano y te apoya.

Señor, Tú sabes que anhelo caminar fielmente contigo. Cuando tropiece, cuando peque, cuando sufra, tómame de la mano. Pongo mis ojos en Ti para que seas mi fuerte apoyo. Amén.

DEJA QUE DIOS TE TRANSFORME EN UNA PERSONA NUEVA

No imiten las conductas ni las costumbres de este mundo, más bien dejen que Dios los transforme en personas nuevas al cambiarles la manera de pensar. Entonces aprenderán a conocer la voluntad de Dios para ustedes, la cual es buena, agradable y perfecta.

ROMANOS 12:2 NTV

La verdad intemporal que Pablo enseña a los antiguos creyentes de Roma me hace preguntarme si tal vez tendría una bola de cristal para mirar más de veinte siglos hacia delante y ver cómo son nuestras vidas. Aunque no podía imaginar cómo las redes sociales, las películas o la música en *streaming* cambiarían nuestra forma de pensar, la sabiduría que comunica a los creyentes es muy acertada. El llamado que hace a sus compañeros podría servir para las adolescentes de hoy: «No fuiste hecha para ser moldeada por el mundo que te rodea; ¡Dios te está transformando en alguien nueva cambiando tu forma de pensar!». Mientras oras, pregúntale a Dios cómo quiere transformar tu mente.

Dios, te doy gracias porque soy Tuya. Y te ofrezco todo lo que soy. Envía tu Espíritu para guiarme mientras busco honrarte. Amén.

HALLAR DESCANSO EN DIOS

Solo en Dios halla descanso mi alma;
de él viene mi salvación.
Solo él es mi roca y mi salvación;
él es mi refugio,
¡jamás caeré!
SALMOS 62:1-2

¿Nunca has notado que hay personas a las que no les pasan muchas cosas en la vida, pero que a menudo parecen agobiadas y desorientadas? ¿Y que hay otras con vidas bastante ricas y plenas que no parecen demasiado estresadas? Eso es porque algunas de esas personas con agendas repletas saben cómo encontrar el *descanso* que necesitan. Lo ideal es dormir ocho horas cada noche. Pero para los que han aprendido a confiar en Dios, significa que acuden a Él para hallar descanso para sus almas. Cuando la vida parece abrumarlas, inclinan sus rostros hacia Dios, que es su roca. «Jamás caeré» es una forma de decir: «Dios me tiene en su mano. No voy a venirme abajo». Cuando te sientas abrumada, haz una pausa y mira a tu roca.

Señor, Tú eres verdaderamente una fortaleza fuerte. Gracias porque Tú eres una ayuda fiable cuando ya no puedo con esto. Pongo mi confianza en Ti. Amén.

PUESTO QUE DIOS NOS AMA...

En esto consiste el amor: no en que nosotros hayamos amado a Dios, sino en que él nos amó y envió a su Hijo para que fuera ofrecido como sacrificio por el perdón de nuestros pecados. Queridos hermanos, ya que Dios nos ha amado así, también nosotros debemos amarnos los unos a los otros. Nadie ha visto jamás a Dios, pero si nos amamos los unos a los otros, Dios permanece entre nosotros y entre nosotros su amor se ha manifestado plenamente.

1 JUAN 4:10-12

Sería muy natural razonar que, como Dios es invisible, no sabemos cómo es. ¡Muy razonable! Solo que [...] sí sabemos cómo es Dios. Hemos aprendido sobre el carácter de Dios por medio del amor que nos tiene. Y puesto que sabemos cómo es el carácter de Dios, y cómo ama, tenemos el encargo de *amar así a los demás*. El tipo de amor que Dios ha mostrado por nosotros es un amor sacrificado, y Dios espera que amemos a los demás con sacrificio. Quizá compartamos nuestro dinero con otros. O tal vez demos de nuestro tiempo y talentos. Pero la Palabra nos recuerda que el amor verdadero nos costará algo. Tal como le costó a Dios.

Señor, deseo amar a los demás como Tú me has amado. Aviva mi corazón para que pueda tener un amor sacrificado, en tu nombre y por tu causa. Amén.

LAS OVEJAS CONOCEN SU VOZ

Yo soy el buen pastor; conozco a mis ovejas y ellas me conocen a mí, así como el Padre me conoce y yo lo conozco, y doy mi vida por las ovejas. Tengo otras ovejas que no son de este redil y también a ellas debo traerlas. Así ellas escucharán mi voz y habrá un solo rebaño y un solo pastor.

JUAN 10:14-16

¿Has oído alguna vez a alguien decir que ha recibido una palabra directa de Dios, ya sea de forma audible o en su espíritu? Yo sí, ¡y siempre me ha dado envidia! Al presentarse como el Buen Pastor, Jesús anunció que sus ovejas conocen el sonido de su voz. Debe de ser lindo, ¿verdad? ¿Pero sabes qué? Tú y yo *podemos* oír la voz de Dios hablándonos. Sabemos exactamente cómo suena, porque ha quedado claro en las palabras de las Escrituras. Al buscar a Dios, escucha sus suaves palabras que te hablan claramente a través de su Palabra.

Señor, Tú sabes cuánto anhelo oír tu voz. Gracias por Jesús, que ha hablado claro, y por la claridad de tu palabra escrita. Habla, Señor, que tu sierva escucha. Amén.

¿TIENES UN PROBLEMA? ORA

¿Está afligido alguno entre ustedes? Que ore. ¿Está alguno de buen ánimo? Que cante alabanzas. ¿Está enfermo alguno de ustedes? Haga llamar a los líderes de la iglesia para que oren por él y lo unjan con aceite en el nombre del Señor.

SANTIAGO 5:13-14

En la iglesia primitiva, los cristianos se preguntaban cómo debían vivir como seguidores de Jesús después de su ascensión para estar con el Padre. Muchas de esas breves cartas del Nuevo Testamento muestran a algunos de los líderes de la iglesia *enseñando* a los creyentes cómo vivir fielmente. Santiago quiere que los cristianos sepan que, se enfrenten a lo que se enfrenten, deben orar. En una serie de tres exhortaciones, ha intercalado «ora cuando estés contenta» entre «ora cuando tengas problemas» y «ora cuando estés enferma». ¡Y no es casualidad! Nos sentimos muy motivadas para orar cuando las cosas no van como queremos, y Santiago nos recuerda que debemos volvernos hacia Dios incluso cuando la vida va bien.

Dios, gracias por el privilegio de llevar toda nuestra vida ante Ti. Activa mi corazón para que acuda a Ti cuando la vida es dura y cuando va bien. Amén.

LO QUE AGRADA A DIOS

Él no se deleita en los bríos del caballo
ni se complace en la fuerza del hombre;
el SEÑOR se complace en los que le temen,
en los que confían en su gran amor.
SALMOS 147:10-11

En la película de 1981 *Carros de fuego*, el medallista de oro de las Olimpiadas de 1924 Eric Liddell dijo estas célebres palabras: «Dios me hizo rápido. Y cuando corro, siento que le agrado». ¿No es precioso? Y eso nos lleva a preguntarnos: *¿Qué es lo que agrada a Dios?* El salmista afirma que Dios no se deleita en las mismas cosas que dan placer a los humanos. «Los bríos del caballo» y «la fuerza del hombre» podrían ser la forma antigua de decir «autos rápidos» y «gente atractiva». Lo que deleita a Dios son los que le temen y confían en su amor inquebrantable. Independientemente de sus capacidades, ¡ese era el corazón de Eric Liddell! Y es el corazón de los que hoy temen y confían en Dios.

Señor, aunque confieso que estoy tentada a valorar todas las cosas que valora mi cultura, sé que tus prioridades son otras. Dame un corazón que te tema y confíe en tu amor inquebrantable. ¡Tú eres mi esperanza! Amén.

DIOS HA DISPUESTO OBRAS CON TU NOMBRE

Porque somos hechura de Dios, creados en Cristo Jesús para buenas obras, las cuales Dios dispuso de antemano a fin de que las pongamos en práctica.
EFESIOS 2:10

Cuando Dios te estaba creando, imaginando el ser humano único, raro, irrepetible que ibas a ser, te creó con pasiones y dones que luego usaría en la construcción de su reino. Genial, ¿verdad? Para algunas de nosotras, puede tratarse de dones creativos como la escritura, las artes plásticas o la música. Otras están unidas por la pasión de amar y servir a quienes con demasiada frecuencia se ven relegados a la marginalidad. Y otras podrían tener facilidad para crear empresas que ayuden a construir el reino. Puede que hoy tengas una corazonada de cómo has sido hecha, o puede que aún estés descubriendo cómo te hizo Dios. En cualquier caso, debes saber que Dios tiene una obra para ti que solo tú puedes hacer.

Dios, mi corazón anhela servirte. Y sé que no todas las tareas llevan mi nombre. Así que continúa guiándome y muéstrame la obra que me has encomendado. Amén.

DIOS TE GUARDARÁ EN TODOS TUS CAMINOS

Ya que has puesto al Señor por tu refugio,
al Altísimo por tu protección,
ningún mal habrá de sobrevenirte,
ningún desastre llegará a tu hogar.
Porque él ordenará que sus ángeles
te protejan en todos tus caminos.

SALMOS 91:9-11

Cuando piensas en tu pasado, ¿cuándo sentiste más miedo? (Si pensar en ello te da miedo, debes saber que Dios está contigo *ahora mismo*). Tal vez fue un momento en el que te sentiste en peligro físicamente. O tal vez fue una temporada en la que tenías miedo de lo que pudiera depararte el futuro. O tal vez temías perder a un ser amado. En ese momento, puede que supieras, o no, que Dios estaba contigo. El salmista dice que Dios protege a los que confían en Él. Eso significa que, afrontes lo que afrontes, Dios está contigo. Dios ve. Dios escucha. Dios sabe. A Dios le importa.

Señor, necesito que seas mi buen protector. Y creo que Tú nunca me has dejado sola. Hazte presente conmigo en este día, sobre todo en los momentos en que siento más temor. Amén.

POR ESTO SABRÁN QUE ERES MÍA

Este mandamiento nuevo les doy: que se amen los unos a los otros. Así como yo los he amado, también ustedes deben amarse los unos a los otros. De este modo todos sabrán que son mis discípulos, si se aman los unos a los otros.

JUAN 13:34-35

En el siglo primero, Jesús era conocido en las comunidades que visitaba como un sabio rabino o maestro. Parte de lo que enseñaba pertenecía a la antigua sabiduría dada al pueblo de Dios en el Antiguo Testamento. Y algunas de sus enseñanzas pusieron patas arriba las antiguas doctrinas. Allí donde la ley, el ritualismo o la venganza mantenían atadas a las personas, Jesús enseñaba un nuevo camino de gracia y libertad. Y al final de su ministerio terrenal, les dio un nuevo mandamiento más. Fue algo así como sus palabras de despedida: ¡algo que no podían *no* saber! «Este mandamiento nuevo les doy: que se amen los unos a los otros». Cuando pienses en la forma en que Jesús amó a los demás, ¿cómo amarás esta semana a los que te rodean?

Jesús, ¡me has amado a la perfección! Y yo aspiro a ese amor. Enséñame a amar a los que me rodean como Tú me amas a mí. Amén.

LA BUENA NOTICIA SOBRE LA TENTACIÓN

Por lo tanto, si alguien piensa que está firme, tenga cuidado de no caer. Ustedes no han sufrido ninguna tentación que no sea común al género humano. Pero Dios es fiel y no permitirá que ustedes sean tentados más allá de lo que puedan aguantar [...] él les dará también una salida a fin de que puedan resistir.

1 CORINTIOS 10:12-13

Muchas bromeamos diciendo que nos tienta el chocolate. (¡Ya lo sé! Brownie de chocolate, por favor). Pero también nos enfrentamos a otras tentaciones, ¿no? Quizá nos resulte fácil perder los estribos y enfurecernos con otras personas. Tal vez nos sintamos tentadas de repente cuando vemos la oportunidad de hacer trampas en un examen. O tal vez hemos luchado por mantenernos puras sexualmente. Las Escrituras nos aseguran que no nos enfrentamos a ninguna tentación que otros no estén enfrentando también. Y también tenemos la seguridad de que cuando somos tentadas, Dios siempre nos da una salida. Eso es tranquilizador, ¿verdad? Así que, cuando te encuentres en ese aprieto, pídele a Dios que te muestre la salida.

Señor, Tú conoces con qué tengo luchas. Pero mi mayor deseo es vivir fielmente para Ti. Envía tu Espíritu como guía para mostrarme cómo vencer la tentación. Amén.

LO QUE ESTABA DESTINADO AL MAL, DIOS LO DESTINÓ AL BIEN

Por lo tanto, fue Dios quien me envió a este lugar, ¡y no ustedes! [...] Ustedes se propusieron hacerme mal, pero Dios dispuso todo para bien. Él me puso en este cargo para que yo pudiera salvar la vida de muchas personas.

GÉNESIS 45:8; 50:20 NTV

¿Conoces la historia de José en el Antiguo Testamento? (¡No el padre de Jesús, sino el José que vivió siglos antes!) Es una historia *dura*. Después de que los hermanos de José lo vendieran como esclavo, ¡fue acusado de agresión sexual por la mujer de su amo! Encerrado en la cárcel, la vida no pintaba bien para José. En un giro loco de los acontecimientos, usó durante su encarcelamiento los dones que Dios le había dado, y no solo fue liberado, ¡sino que llegó a ser un poderoso gobernante en Egipto! La lección que José aprendió de su sufrimiento también la podemos aprender nosotras hoy: *Lo que las personas dispusieron para mal, Dios lo dispuso para bien.* ¿Cómo quiere Dios redimir tus circunstancias difíciles para bendecir a otros?

Dios, no pretendo entender algunas de las cosas difíciles a las que me he enfrentado. Pero confío en que Tú me amas y puedes usar para bien lo que he soportado. Amén.

NINGÚN SIERVO ES MAYOR QUE SU SEÑOR

Les aseguro que ningún siervo es más que su amo y ningún mensajero es más que el que lo envió. ¿Entienden esto? Dichosos serán si lo ponen en práctica.

JUAN 13:16-17

Algunas crecimos con los cuentos de hadas de Disney: *La bella y la bestia*, *Cenicienta*, *La princesa y el sapo*, y otros. Y ya sean las películas animadas que veíamos de niñas o las comedias románticas que vemos hoy, la historia que nos han contado es que *merecemos* ser felices. Si bien es cierto que Dios quiere nuestro bien, ese *bien* que Dios desea puede parecer un poco diferente de lo que nuestra cultura pregona. Para lo que estamos hechas, nos enseña Jesús, es para vivir como Él vivió. Si Él es nuestro Maestro, entonces nuestras vidas deberían seguir su modelo de siervo-líder. Mientras piensas en la vida que quieres vivir y en el futuro que quieres construir, pregúntale a Dios cómo puedes parecerte más a Jesús en tu forma de vivir.

Dios, solo Tú sabes lo que me depara el futuro. Pero te pido que me transformes cada vez más a imagen de Jesús. Enséñame a amar como Él amó. Amén.

YO ESTOY DE TU PARTE

En mi angustia oré al SEÑOR,
y el Señor me respondió y me liberó.
El SEÑOR está de mi parte, por tanto, no temeré.
¿Qué me puede hacer un simple mortal?
SALMOS 118:5-6 NTV

Siendo joven adulta, volví a vivir algunas de las heridas que había experimentado en etapas anteriores de mi vida. Levanté el puño hacia Dios y le exigí una explicación. ¿Dónde estabas? ¿Dónde estaban los que deberían haberme protegido? Y en un momento único en la vida, oí a Dios susurrar cinco palabras a mi corazón: «Yo estoy de tu parte». Esas palabras calaron hondo, y hoy sigo rumiándolas. ¡Las leo en cada página! Y el salmista que escribió el salmo 118 confirma: «El Señor está de mi parte, por tanto, no temeré». Querida, ¿sabes en lo más profundo de tu ser que Dios *está* de tu parte? Si aún no estás segura, invita a Dios a confirmar esa verdad a tu corazón.

Señor, anhelo experimentar, en lo más profundo de mi ser, la realidad de que Tú estás conmigo y estás de mi parte. Ministra a mi corazón para que pueda experimentar tu gran, enorme, amor. Amén.

AMOR DE PADRE

El joven le dijo: «Papá, he pecado contra el cielo y contra ti. Ya no merezco que se me llame tu hijo». Pero el padre ordenó a sus siervos: «¡Pronto! Traigan la mejor ropa para vestirlo. Pónganle también un anillo en el dedo y sandalias en los pies. Traigan el ternero más gordo y mátenlo para celebrar un banquete».

LUCAS 15:21-23

Cuando nos acercamos a Dios como *Padre*, no es raro esperar que Dios reaccione como lo haría un padre humano en esa situación. Tiene sentido, ¿verdad? Por eso Jesús se toma tantas molestias y cuenta historias tan fabulosas: Jesús quiere que conozcamos el amor de un padre perfecto. Porque cuando cometemos un error, sobre todo después de faltarles el respeto a nuestros padres, no siempre responden de forma comprensiva y compasiva. El padre que Jesús describió no solo le ofrece compasión a su hijo descarriado, ¡sino que organiza una fiesta para celebrar su regreso! Jesús quiere que sepamos que nuestro Padre celestial se alegra —no importa lo que hayamos hecho— cuando volvemos a Él.

Padre, te doy gracias porque tu amor no se parece a ningún otro. Y porque no importa cómo o cuántas veces haya fallado, Tú me recibes en tus brazos de amor cuando vuelvo a Ti. Amén.

EL SEÑOR MIRA EL CORAZÓN

Cuando llegaron, Samuel se fijó en Eliab y pensó: «Sin duda que este es el ungido del SEÑOR». Pero el SEÑOR dijo a Samuel:
—No te dejes impresionar por su apariencia ni por su estatura, pues yo lo he rechazado. La gente se fija en las apariencias, pero yo me fijo en el corazón.

1 SAMUEL 16:6-7

¿Te has mirado al espejo esta mañana? ¿Te has maquillado? ¿Te has hecho un *selfie*? Es muy probable que hayas hecho alguna de estas cosas. Nuestra cultura da mucho valor a la apariencia de las personas, especialmente de las niñas y las mujeres. Y a lo largo de la Biblia, escuchamos un mensaje que pone patas arriba los valores de nuestra cultura. Cuando Samuel observó a los jóvenes hijos de Jesé, altos y fuertes, supuso que uno de ellos sería el elegido de Dios. Pero el Señor le recordó a Samuel que sus valores no son los mismos que los del mundo. Entre los hijos de Isaí, Dios había elegido a David —el más joven— para gobernar sobre Israel.

Dios, confieso que tengo la tentación de tener los mismos valores que el mundo sobre las apariencias. Pero tu Palabra me recuerda que Tú miras el corazón. Enséñame a amarte y servirte con un corazón puro.

JESÚS VE TU FE

Entonces llegaron cuatro hombres que llevaban un paralítico. Como no podían acercarlo a Jesús por causa de la multitud, quitaron parte del techo encima de donde estaba Jesús y, luego de hacer una abertura, bajaron la camilla en la que estaba acostado el paralítico. Al ver la fe de ellos Jesús dijo al paralítico:
—¡Hijo, tus pecados quedan perdonados!

MARCOS 2:3-5

En una de las escenas más locas de las Escrituras, un grupo de amigos decide llevar ante Jesús a su amigo, un paralítico que no podía caminar. Como la multitud estaba tan apretada, tuvieron que subir a la azotea, hacer una abertura en el techo y bajar a su amigo hasta Jesús, usando la estera sobre la que yacía. Bastante absurdo, ¿verdad? Pero cuando Jesús vio a aquel tipo subido por el *techo*, pudo ver la fe que aquellos tipos tenían en Él. En respuesta, Jesús perdonó los pecados del hombre y también sanó su cuerpo.

Jesús, ¡Tú eres un sanador fiel! Dame la fe de estos cuatro amigos cuando busque sanidad en mi vida y cuando lleve a mis amigos ante Ti. Amén.

TUS PALABRAS ESTÁN SIEMPRE ANTE MÍ

Siempre están conmigo [tus palabras], y me hacen aún más sabio que mis enemigos y mis maestros.

SALMOS 119:98 TLA

Cada día que vamos a estudiar, cenamos con nuestras familias, salimos con nuestros amigos, adoramos en la iglesia, vamos a nuestros trabajos y participamos en deportes y otras actividades, tenemos que averiguar cómo *vivir bien*. Y el autor del salmo 119 ha descubierto cómo hacerlo. En cada versículo de este largo salmo, que tiene 176 versos, el escritor expresa la misma cosa de distinta manera. La esencia de cada versículo es esta: «Dios, como tus palabras y tus caminos son verdaderos, me dan vida». (En serio, ¡compruébalo! Verás qué intenso). El escritor que ha encontrado vida en las palabras y los caminos de Dios te invita a hacer lo mismo.

Señor, de verdad creo que la sabiduría que encuentro en Tu Palabra puede ayudarme a prosperar y florecer. Dame pasión por las Escrituras para que pueda aprender de la sabiduría que Tú ofreces. Amén.

SI ME CONOCES, LO CONOCES

Dijo entonces Tomás:
—Señor, no sabemos a dónde vas, así que
¿cómo podemos conocer el camino?
—Yo soy el camino, la verdad y la vida —contestó Jesús—.
Nadie llega al Padre sino por mí. Si ustedes realmente
me conocieran, conocerían también a mi Padre. Y ya
desde este momento lo conocen y lo han visto.

JUAN 14:5-7

Después de que Jesús anunciara que iba a preparar morada para sus discípulos en la casa de su Padre, Tomás solo quería saber cómo llegar hasta allí. Una preocupación legítima, creo yo. En vez de darle las coordenadas de ubicación, Jesús le dijo: «Si ustedes realmente me conocieran, conocerían también a mi Padre». ¡Qué duro! Esas palabras son un regalo también para nosotros hoy: si queremos saber cómo es el Padre y cómo actúa, no tenemos más que mirar a Jesús. ¿Qué aprendes del Padre conociendo a Jesús?

Padre, gracias porque te has revelado a través de la persona de Jesús. Y gracias porque mi anhelo de conocerte a Ti y tu carácter se satisface al encontrarme con Él. Amén.

ENTONCES SABRÁS QUE YO SOY EL SEÑOR

Les pondré tendones, haré que les salga carne, los cubriré de piel y les daré aliento de vida [...]. Y, cuando haya abierto tus tumbas y te haya sacado de allí, entonces, pueblo mío, sabrás que yo soy el SEÑOR.

EZEQUIEL 37:6, 13

Al mostrarle a Ezequiel un valle de huesos secos, el Señor le mostró a su profeta la condición del corazón de Israel. Como pueblo, se habían contaminado con ídolos y otras ofensas pecaminosas, que habían traído la muerte espiritual. Eso es lo que pasa cuando pecamos, ¿verdad? Elegimos la muerte antes que la vida. Pero, a pesar de su pecado, Dios está deseoso de redimir a su pueblo amado. Y Él promete que cuando los devuelva a la vida, lo reconocerán de nuevo como Señor. Hoy es el Espíritu Santo de Dios quien nos muestra nuestro pecado, quien revela la muerte y la decadencia de nuestras vidas y nos guía hacia la redención. ¿Te está mostrando Dios de alguna manera aspectos de tu vida en los que Él quiere que vuelvas a tener vida?

Dios, aunque puede ser doloroso, te doy gracias por el don de tu Espíritu. Muéstrame dónde he pecado, y transforma mi corazón, para tu gloria. Amén.

HABITARÉ ENTRE ELLOS

Ya no se contaminarán más con sus ídolos, ni con sus iniquidades ni actos abominables. Yo los libraré y los purificaré de todas sus infidelidades. Ellos serán mi pueblo y yo seré su Dios [...]. Habitaré entre ellos; yo seré su Dios y ellos serán mi pueblo.

EZEQUIEL 37:23, 27

Los profetas de Dios a menudo tenían la dura tarea de señalar el pecado del pueblo de Dios y llamarlo al arrepentimiento. Nadie pide una misión tan desagradable, ¿verdad? Pero hay que hacerlo. Por medio de los profetas, Dios también anunció a menudo la promesa de su presencia junto a su pueblo, tanto en su pecado como en su redención. Y a través de Ezequiel, Dios anunció: «Habitaré entre ellos; yo seré su Dios y ellos serán mi pueblo». La promesa se cumplió en tiempos de Ezequiel. Sin duda, se hizo patente cuando Jesús vino a caminar entre nosotros. Y hoy Dios está presente con nosotros a través de su Espíritu. Querida, no importa a qué te enfrentes, perteneces a Dios.

Señor, gracias por la promesa de tu presencia. Tú eres mi Dios y yo soy tu hija. Me alegro de que permanezcas hoy conmigo. Amén.

TENEMOS ACCESO AL PADRE

Por medio de lo que Jesucristo hizo, tanto los judíos como los no judíos tenemos un mismo Espíritu, y podemos acercarnos a Dios el Padre.

EFESIOS 2:18 TLA

Si has estado alguna vez en un concierto, sabrás que el acceso a los artistas es limitado. Si compraste una entrada, puedes acceder al asiento por el que pagaste, pero no puedes entrar entre bastidores, ni antes ni después del espectáculo, para conocer a la banda. Pero tal vez hayas visto a personas que llevan un distintivo «Acceso total», que les permite pasar al otro lado de la cuerda o de la puerta. En su carta a la iglesia de Éfeso, Pablo les asegura a los creyentes que, gracias a Jesús, tenemos acceso a Dios por medio del Espíritu Santo. Eso significa que podemos acercarnos a Dios con total confianza, sabiendo que estamos autorizados y que seremos recibidas.

Dios, me asombra que, gracias a Jesús, pueda acercarme a ti con total confianza. Gracias por invitarme a conocerte y a ser conocida por Ti. Amén.

QUE NADIE TE MENOSPRECIE POR SER JOVEN

Que nadie te menosprecie por ser joven. Al contrario, que los creyentes vean en ti un ejemplo a seguir en la manera de hablar, en la conducta, en amor, fe y pureza. En tanto que llego, dedícate a la lectura pública de las Escrituras, y a enseñar y animar a los hermanos. No descuides el don que recibiste mediante profecía, cuando los líderes de la iglesia te impusieron las manos.

1 TIMOTEO 4:12-14

Como joven, probablemente notas cuando un adulto cree en ti. Cuando celebra tus dones. O cuando te anima a alcanzar tu próximo logro. Pues bien, eso es exactamente lo que sucede en esta carta que Pablo escribe a Timoteo, de quien se cree que tendría unos dieciséis años en aquel momento. Pablo le está recordando a Timoteo que, como ha recibido un don de Dios para ministrar en el nombre de Jesús, no debe preocuparse por nadie que lo menosprecie por ser joven. En lugar de eso, dice Pablo, ¡dales ejemplo con tu forma de vivir!

Padre, sé que no todos me toman en serio porque soy joven. Pero, como Tú me has dado dones para servirte, me comprometo a usar esos dones por tu causa. Amén.

PIENSA EN ELLO

¡Alaben al Señor; alaben a Dios nuestro salvador! Pues cada día nos lleva en sus brazos. Interludio

SALMOS 68:19 TLA

Aunque están impresos en letra estándar en el centro de nuestras Biblias, los Salmos son en realidad una colección de canciones y poemas concebidos para ser cantados. En realidad, se parece más bien a un himnario o a un PowerPoint para guiar a los fieles. Una de las palabras antiguas que se utiliza en Salmos, *selah*, ha sido bastante difícil de traducir para los teólogos. Pero «interludio» es una traducción bastante buena, sugiere el significado de «haz una pausa, y piensa tranquilamente en eso». Es casi como un signo de puntuación, que subraya o añade énfasis, y le recuerda al adorador que debe prestar atención. Si usamos esta exclamación en nuestra vida diaria —en nuestro devocional matutino, en la *app* bíblica del teléfono o en la oración familiar antes de comer— puede recordarnos que *hagamos una pausa* y nos fijemos en lo que Dios ha hecho.

Dios, pon en mi corazón la idea de «Selah», de hacer una pausa para ser consciente de tu presencia. Por medio de tu Espíritu, abre mis ojos y oídos a tu bondad, poder y misericordia. Amén.

CONCENTREN SU ATENCIÓN EN LAS COSAS DE ARRIBA

Ya que han resucitado con Cristo, busquen las cosas de arriba, donde está Cristo sentado a la derecha de Dios. Concentren su atención en las cosas de arriba, no en las de la tierra.

COLOSENSES 3:1-2

Parte de lo que leemos en la Biblia es muy propio del contexto cultural de la antigüedad. No siempre entendemos los pesos y medidas, la geografía o la política que se mencionan en las Escrituras. Pero *la mayor parte* de lo que descubrimos en la Palabra de Dios es sabiduría atemporal para toda la historia de la humanidad. ¡Y una de esas cosas es que los seres humanos nos dejamos llevar por lo que vemos, oímos y tocamos! Tenemos la tentación de poner nuestro corazón en este par de *jeans*, o en esa computadora, o en esos zapatos, o en ese teléfono. Pero, al igual que los creyentes del primer siglo, se nos invita a poner nuestro corazón —es decir, nuestra mente y nuestra atención— en cosas que no son «terrenales». Cuando ponemos nuestra mente en Cristo, estamos siendo lo que Dios tenía en mente cuando nos creó.

Señor, Tú sabes con qué facilidad me distraen las cosas de este mundo. Pero te pido que hoy avives mi corazón para que busque tu rostro y escuche tu voz. Amén.

CUANDO DAS, ERES BENDECIDA

Denles a otros lo necesario, y Dios les dará a ustedes lo que necesiten. En verdad, Dios les dará la misma medida que ustedes den a los demás. Si dan trigo, recibirán una bolsa llena de trigo, bien apretada y repleta, sin que tengan que ir a buscarla.

LUCAS 6:38 TLA

¿Has conocido alguna vez a una persona generosa? A lo mejor tienes una amiga que está encantada de pagarte la comida cuando salís juntas y no tienes dinero. O tal vez hayas visto a tus padres donar generosamente a organizaciones que realizan una labor encomiable. Como cristianas, hemos sido creadas para compartir con los demás los recursos que Dios nos ha dado. En los Evangelios, Jesús dice específicamente que el grado en que *damos* es el grado en que *recibiremos*. Qué fuerte, ¿no? Si alguna vez has temido que al dar no tendrás suficiente para ti, practica esta semana dar de una manera que te exija un poco más, y observa lo que Dios hace.

Dios mío, la Biblia sugiere que tu economía es diferente de la economía bajo la cual solemos operar muchas de nosotras. Al dar generosamente a los demás, confío en Ti para que suplas mis necesidades. Amén.

HABLAR EN UN MOMENTO COMO ESTE

Si no te atreves a hablar en momentos como éste, la liberación de los judíos vendrá de otra parte, pero tú y toda tu familia morirán. Yo creo que has llegado a ser reina para ayudar a tu pueblo en este momento.

ESTER 4:14 TLA

En el Antiguo Testamento, leemos una historia tan improbable como esperar que una criada como Cenicienta se convierta en princesa. Cuando el rey de Persia buscaba una nueva esposa, una mujer judía llamada Ester fue seleccionada por su belleza. Pero cuando el pueblo judío de Persia estaba siendo oprimido, Ester tuvo que tomar una decisión. Su tío, Mardoqueo, la animó a ser valiente y a hablar en nombre de su pueblo, que estaba en grave peligro. De hecho, le sugirió que tal vez Dios la había puesto ahí para ese preciso momento. ¿Hay alguna forma en la que Dios te esté llamando hoy a ser valiente en algo que tienes que decir?

Señor, te doy gracias por el testimonio de Ester. Ella me muestra cómo es temerte a ti en lugar de temer a los hombres y las mujeres. Dame el valor para decir las palabras que Tú pones en mi corazón. Amén.

ME DIJO TODO LO QUE HICE

Muchos de los samaritanos que vivían en aquel pueblo creyeron en él por el testimonio que daba la mujer: «Me ha dicho todo lo que he hecho». Así que cuando los samaritanos fueron a su encuentro le insistieron en que se quedara con ellos. Jesús permaneció allí dos días y muchos más llegaron a creer por lo que él mismo decía.

JUAN 4:39-41

En una inesperada conversación con una mujer con la que no cabía esperar que hablase, Jesús confronta a una samaritana con la verdad sobre su vida. Cuando ella dice que no tiene marido, Jesús le da la razón y le declara que en realidad ha tenido cinco maridos, y que el tipo con el que estaba entonces no era su marido. ¡Y era la primera vez que la veía! Aunque mucha gente se pondría a la defensiva si un desconocido le hablara así, ella vivió la conversación con Jesús como algo entrañable, y contó a los demás lo que había sucedido. Como resultado, muchos creyeron.

Jesús, te doy gracias porque me conoces por dentro y por fuera, incluso las partes de mi vida de las que no estoy orgullosa. Te doy gracias por tu gracia y por recibirme tal como soy. Amén.

ESPERA AL SEÑOR

Pero los que confían en Dios
siempre tendrán nuevas fuerzas.
Podrán volar como las águilas,
podrán caminar sin cansarse
y correr sin fatigarse.
Isaías 40:31 TLA

Tal vez hayas oído antes este pasaje bíblico de Isaías. La palabra *esperar*, en este caso, significa algo más que hacer cola para una hamburguesa o para sacarse el carné de conducir. Este tipo de espera es poner tu esperanza y tu confianza en lo que Dios provee. Es algo así como decir: «En lugar de confiar en mis buenas calificaciones, o en mi admirable conducta, o en mi rendimiento en el campo, voy a poner toda mi confianza en Dios». Era radical entonces y lo es ahora. Y Dios promete que los que esperan en Él no se agotarán, sino que serán renovados y restaurados.

Dios, la mayoría de la gente que conozco confía en las cosas que puede gestionar por sí misma: sus ingresos, su reputación, sus redes, sus logros. Pero yo pongo toda mi esperanza y confianza en Ti. Amén.

UNA COSA PERMANECE PARA SIEMPRE

Porque «todo mortal es como la hierba y toda su gloria como la flor del campo. La hierba se seca y la flor se cae, pero la palabra del Señor permanece para siempre». Y este es el mensaje de las buenas noticias que se les ha anunciado a ustedes.

1 PEDRO 1:24-25

Tras la Gran Depresión estadounidense, la empresa de diamantes De Beers tuvo que buscar la manera de vender sus productos. En 1948, la publicita Mary Frances Gerety presentó su propuesta de campaña a la empresa de publicidad para la que trabajaba, sugiriendo el eslogan «Un diamante es para siempre». El eslogan fue un éxito entonces, y sigue usándose hoy en día. Sospecho que apela al anhelo de eternidad que los seres humanos tenemos en nuestros corazones. Pero la Palabra de Dios dice que solo una cosa es para siempre, y no son los diamantes. La mayoría de las cosas se desvanecen, escribe Pedro, pero la Palabra de Dios permanece para siempre. Le recuerda a la iglesia que debe dejar ir lo que no dura, la exhorta a aferrarse a lo que más importa.

Señor, te doy gracias por tu Palabra, y te doy gracias porque no es efímera como las flores que caen al suelo. Hoy confío en la promesa y la esperanza que encuentro en tu Palabra. Amén.

ERES HIJA DE DIOS

Mas a cuantos lo recibieron, a los que creen en su nombre, les dio el derecho de ser hechos hijos de Dios. Estos no nacen de la sangre, ni por deseos naturales, ni por voluntad humana, sino que nacen de Dios.

JUAN 1:12-13

Algunos conocemos nuestras historias de origen. Antes de ser adoptado por una familia que me amó, me trajo al mundo una mujer soltera que no pudo criarme. Otros han oído la historia familiar de que, aunque sus padres estaban casados, ellos llegaron a la familia como por sorpresa. Otros nacimientos son muy desesperadamente anhelados y cuidadosamente planificados. En el Evangelio de Juan, oigo al evangelista decir que nuestra verdadera identidad, como hijos de Dios, no depende de la historia de nuestro nacimiento biológico. No, él en cambio insiste en que, si hemos recibido a Cristo, hemos *nacido* de Dios.

Dios, te doy gracias porque mi verdadera identidad se encuentra en Ti. No importa cómo llegué a este mundo, Tú me has llamado hija y me has reclamado como posesión tuya. Sé que te importo. Amén.

DIOS CONCEDE A SUS AMADOS DULCE DESCANSO

En vano madrugan ustedes y se acuestan muy tarde para comer un pan de fatigas, porque Dios lo da a sus amados mientras duermen.

SALMOS 127:2

Cualquier cristiano que haya tenido dificultades crónicas para dormir probablemente haya tenido problemas con el salmo 127. Puede sonar problemático si lo lees como si dijera: «Dios solo da buen sueño a los que *realmente* Él ama». Problemático, ¿no es cierto? Pero no es eso lo que dice el salmista. Más bien, el escritor se refiere al impulso humano hacia el ajetreo preocupante y el exceso de trabajo. Lo que expresa es que cuando confiamos en Dios para que nos proporcione lo que necesitamos, no estamos esclavizados a nuestro trabajo. Lo que Dios desea es que, confiando en Él, cada uno de nosotros pueda liberarse de la falsa creencia de que somos los dioses de nuestras vidas. Cuando confiamos en Dios, podemos dormir tranquilas, seguros de que Él tiene el control.

Señor, Tú conoces mi corazón. Ya sabes cómo intento ser la que manda en mi vida. Perdóname. Enséñame a poner toda mi confianza en Ti para que pueda encontrar la libertad. Amén.

CONFIAMOS EN EL AMOR QUE DIOS NOS TIENE

Y nosotros hemos llegado a saber y creer que Dios nos ama. Dios es amor. El que permanece en amor, en Dios permanece y Dios en él. Ese amor se manifiesta plenamente entre nosotros [...]. En el amor no hay temor, sino que el amor perfecto echa fuera el temor. El que teme espera el castigo, así que no ha sido perfeccionado en el amor.

1 JUAN 4:16-18

¿Recuerdas cuándo conociste el amor de Dios por ti? Tal vez fue en la escuela dominical. O tal vez tuviste un momento de revelación en un viaje de un grupo de jóvenes. O tal vez alguien te lo comunicó por fin de una manera que *tenía sentido*. Cuando conocemos a Dios, el regalo de su gran amor por nosotros nos parece algo increíble. Pero a medida que pasa el tiempo y volvemos a nuestra vida cotidiana, el sentido de novedad puede desaparecer. Sin embargo, en esta breve carta de Juan, se nos recuerda que el amor de Dios no es solo como la prima por firmar para entrar en el club. No, la vida que Juan describe es mucho mejor que eso: «Hemos llegado a saber y creer que Dios nos ama». ¿No es precioso? ¿Cómo estás aprendiendo a confiar en el amor de Dios?

Padre, anhelo habitar de verdad en la realidad de tu amor por mí. ¡Tú eres amor y vives en mí! Enséñame a permanecer arraigada y enraizada en ese amor. Amén.

EL INESPERADO CAMINO DE DIOS

Si tu enemigo tiene hambre, dale de comer; si tiene sed, dale de beber. Actuando así, harás que se avergüence de su conducta, y el Señor te lo recompensará.

Proverbios 25:21-22

Si prestas atención a las enseñanzas de Dios a lo largo de las Escrituras, algunas de ellas no sorprenden. Que estamos llamados a amar a los demás, mostrar misericordia y buscar la justicia puede parecer más o menos intuitivo. ¡Pero otras enseñanzas ponen patas arriba la forma de vida de este mundo! Una de ellas es la enseñanza de Jesús de amar a nuestros enemigos. ¡No tiene nada de natural! La enseñanza se basa aquí en el libro de Proverbios, donde se exhorta al lector a bendecir a su enemigo con comida y bebida. Y cuando Pablo escribió a la iglesia de Roma, citó este mismo pasaje en Romanos 12:20. Ambos anuncian que lo más inteligente que podemos hacer para fastidiar a nuestros enemigos, ¡es en realidad bendecirlos! ¿Cómo puede verse eso en tu vida esta semana?

Señor, confieso que tus caminos son diferentes de los míos. Enséñame cómo es amar a mis enemigos en tu nombre. Haz de mí una pacificadora, a la manera de Jesús. Amén.

PERMANECE EN EL SEÑOR

Si ustedes se mantienen unidos a mí, yo me mantendré unido a ustedes [...]. El discípulo que se mantiene unido a mí, y con quien yo me mantengo unido, es como una rama que da mucho fruto; pero si uno de ustedes se separa de mí, no podrá hacer nada.

JUAN 15:4-5 TLA

Hace poco oí hablar de un niño al que sus padres intentaban explicar cómo vive Jesús en nuestros corazones. Y, para sorpresa de su madre, el niño gruñó: «¡Mamá, no seas metafórica!». Cuando dejó de reírse, la mamá se dio cuenta de que el joven teólogo tenía razón. Como el cuerpo físico de Jesús no vive en nuestras cavidades torácicas, esta es una metáfora para entender nuestra relación con Jesús. Jesús nos invita a vivir en Él, como Él vive en nosotros. A primera vista, es una locura, ¿verdad? Solo que, por el poder del Espíritu Santo de Dios, eso es realmente así. Esta semana, fíjate en esas dos posiciones fundamentales en tu vida: la forma en que vives en Cristo y la forma en que Él vive en ti.

Jesús, anhelo morar contigo. Gracias por el don de tu presencia real en mi vida. Quédate conmigo como yo contigo. Amén.

BUSCA Y HALLARÁS

Yo amo a los que me aman, y me dejo encontrar por todos los que me buscan [...]. Yo amo a los que me aman, y me dejo encontrar por todos los que me buscan.

PROVERBIOS 8:17, 35 TLA

¿Te acuerdas de cuando jugabas a las escondidas? La idea es que, al final del juego, el buscador haya encontrado a todos los escondidos, ocultos debajo de las camas y en los armarios. La promesa que recibimos en Proverbios 8 es que los que buscan a Dios lo encontrarán. Y escuchamos el mismo anuncio que Jesús recuerda en Mateo 7:7: «Pidan y se les dará; busquen y encontrarán; llamen y se les abrirá». En ambos pasajes obtenemos una preciosa visión del corazón de Dios: ¡Dios *anhela* que lo encuentren! Y Él promete que quienes lo buscan lo encontrarán.

Señor, te doy gracias por las promesas que recibo en tu Palabra. En Ti encuentro sabiduría, vida y gracia. ¡Gracias por la seguridad de que Tú estás deseando ser hallado! Amén.

DIOS NOS DEMUESTRA SU AMOR

Pero Dios demuestra su amor por nosotros en esto: en que cuando todavía éramos pecadores, Cristo murió por nosotros.

ROMANOS 5:8

Cuando piensas en los regalos que has recibido en tu vida, ¿cuáles han significado más para ti? Para un cumpleaños reciente, unas amigas me compraron un cuadro del que me habían oído decir maravillas. Me hizo mucha ilusión. Ahora bien, si estas chicas me hubieran enviado un mensaje de texto para desearme feliz cumpleaños o hubieran llamado al timbre para cantarme una canción, habría sabido que me amaban, ¿verdad? Ese cuadro, sin embargo, era una demostración tangible de su innegable amor por mí. Pablo dice que Dios ha mostrado su amor por nosotros enviando a Jesús a morir por nosotros cuando no lo merecíamos. La próxima vez que te preguntes si eres amada, cierra los ojos y piensa en el gran precio pagado por ti.

Jesús, gracias por dar tu vida para que yo pueda vivir. En esa demostración, tengo la plena certeza de que me amas. Amén.

AMA AL SEÑOR CON TODO LO QUE HAY EN TI

Escucha, Israel: El SEÑOR nuestro Dios es el único Señor. Ama al SEÑOR tu Dios con todo tu corazón, con toda tu alma y con todas tus fuerzas. Grábate en el corazón estas palabras que hoy te mando.

DEUTERONOMIO 6:4-6

Dentro del mundo ficticio de *Star Trek*, la orden de no interferir en el desarrollo de otras civilizaciones se denomina «directiva principal». En el Antiguo Testamento, Dios ofrece a su pueblo lo que podría llamarse una «directiva principal» para guiarlo a vivir en fidelidad a Él. Deben amar a Dios con todo lo que tienen dentro. Eso es todo. Esa es la gran instrucción. Y Jesús reitera la directiva principal, añadiendo la aplicación práctica. El doble mandamiento de Jesús es que sus seguidores amen a Dios con todo lo que son, y que amen a las personas como se aman a sí mismos. Si tomaras esta directiva principal para tu vida, ¿cómo la vivirías esta semana?

Dios, Tú has anunciado claramente cuál es tu voluntad para la humanidad y para mí. Fortalece mi voluntad para amarte por encima de todo, y enséñame a amar a mi prójimo. Amén.

LOS LLAMARÉ «PUEBLO MÍO»

Así lo dice Dios en el libro de Oseas:
«Llamaré "mi pueblo" a los que no son mi pueblo;
y llamaré "mi amada" a la que no es mi amada».
«Y sucederá que en el mismo lugar donde se les dijo:
"Ustedes no son mi pueblo",
serán llamados "hijos del Dios viviente"».

ROMANOS 9:25-26

¿Has leído alguna vez el libro de Oseas, en el Antiguo Testamento? Es una locura. Dios no solo ordena a Oseas que se case con una prostituta llamada Gomer, sino que tienen hijos a los que dan nombres absurdos como «no amada» y «no es mi pueblo». (Duro, ¿verdad?). Pero la razón por la que Dios condujo a Oseas por ese camino fue para mostrar su amor. La esposa descarriada de esta historia somos tú y yo. ¿Y el marido fiel que nos elige? Ese es Dios. Al final de la historia, Dios llamó a los hijos de Oseas «hijos del Dios vivo» (Oseas 1:10). Y en su carta a la iglesia de Roma, Dios recuerda a la iglesia su imprevisible e insondable misericordia.

Señor, te doy gracias porque eres misericordioso. Y lleno de gracia. Y de amor. Y de bondad. Perdona mis pecados y enséñame a vivir en fidelidad a Ti. Amén.

CAMINAR POR TIERRA SECA

Cuando los caballos y los carros del faraón entraron en el mar con sus jinetes, el SEÑOR hizo que las aguas se les vinieran encima. Los israelitas, sin embargo, cruzaron el mar sobre tierra seca.

ÉXODO 15:19

Imagina que vas de excursión por el bosque, siguiendo un sendero señalizado, y llegas a un río. Al ver las marcas del sendero en la otra orilla del río, supiste que tenías que cruzarlo para llegar a tu destino. Imagino que te tomarías un minuto para buscar la mejor alternativa. Pero ahora imagínate en el mismo sitio, pero te persigue un oso. Que no sabe nadar. Seguro que encontrarías la manera de cruzar el río rápidamente. Cuando los soldados egipcios perseguían a los israelitas cuando Dios los sacó del cautiverio en Egipto, el Señor dividió las aguas para que los israelitas caminaran por tierra seca. Pero una vez que cruzaron, las aguas cayeron sobre sus perseguidores. Una y otra vez, Dios abre un camino donde parece que no lo hay.

Dios mío, tus caminos son asombrosos. Cuando no pueda ver el camino a seguir, muéstrame la inesperada senda que Tú has preparado para mí. Pongo mi confianza en Ti. Amén.

BUSCAR Y SALVAR A LOS PERDIDOS

—Hoy ha llegado la salvación a esta casa —le dijo Jesús—, ya que este también es hijo de Abraham. Porque el Hijo del hombre vino a buscar y a salvar lo que se había perdido.

LUCAS 19:9-10

Cuando Jesús se dirigió hacia un conocido pecador, un recaudador de impuestos llamado Zaqueo, la gente de su comunidad seguramente se quedó perpleja. A ojos de ellos, este tipo era lo *peor*. El recaudador de impuestos les cobraba más de lo debido y se embolsaba el ingreso extra. Aunque nosotros tenemos el lujo de poder mirarlo a posteriori, y podemos reconocer el gran amor de Jesús por los marginados, a muchos religiosos del siglo primero les perturbaba su atención hacia los pecadores. Por eso me pregunto quiénes serían hoy esas personas marginadas hacia las que se dirigió Jesús. ¿Hacia quién se dirigiría Jesús en tu colegio? ¿Con quién querría Jesús compartir el almuerzo en tu ciudad? ¿Y cómo llegará Jesús a ellos, hoy, a través de ti?

Jesús, confieso que me siento incómoda con respecto a aquellos que la iglesia etiqueta como «pecadores especiales». Perdóname, y dame tu corazón para los perdidos y rechazados. Amén.

LAS PALABRAS AMABLES SON UN PANAL

Fuente de vida es la prudencia para quien la posee;
el castigo de los necios es su propia necedad.
El de corazón sabio controla su boca;
con sus labios promueve el saber.
Panal de miel son las palabras amables:
endulzan la vida y dan salud al cuerpo.

PROVERBIOS 16:22-24

¿Alguna vez has estado hablando y te has dado cuenta de que no te gustaban las palabras que salían de tu boca? A mí ya me ha pasado antes. Concretamente, si estoy criticando a otra persona, o intentando reírme a costa de otra, el Espíritu Santo me convence y me siento decepcionada conigo misma por el uso de mi lengua. A lo largo de las Escrituras se nos exhorta a usar *bien* nuestras palabras. ¡Santiago incluso dice que la lengua es un timón que puede hacer virar un gran barco! Nuestras palabras tienen poder (ver Santiago 3:4). Cuando pidamos a Dios sabiduría y gracia, las usaremos bien.

Señor, Tú sabes cómo a veces pierdo el control de mi boca y revelo la condición de mi corazón. Perdóname. Haz que solo pronuncie palabras de edificación. Amén.

MIRA CUÁN GRAN AMOR TIENE DIOS POR TI

¡Fíjense qué gran amor nos ha dado el Padre, que se nos llame hijos de Dios! ¡Y lo somos! El mundo no nos conoce, precisamente, porque no lo conoció a él. Queridos hermanos, ahora somos hijos de Dios, pero todavía no se ha manifestado lo que habremos de ser. Sabemos, sin embargo, que cuando Cristo venga seremos semejantes a él, porque lo veremos tal como él es.

1 JUAN 3:1-2

Soy a la vez una mujer adoptada, siendo bebé, y una madre adoptiva, que adopté a mi hijo cuando tenía dos años. Por eso creo que sé algo tanto acerca de ser *elegida* como hija como de *elegir* amar y ser madre. Cuando Dios te llama a ti o a mí hija suya, nos invita a vivir en su casa, a recibir su provisión y a que nos envuelva su amor. No hay nada que podamos hacer para que Dios nos rechace. Esta semana, vive tu verdadera identidad como hija amada de Dios.

Padre, te doy gracias porque te pertenezco. Yo soy tuya y Tú eres mío. Gracias por el don de tu gran amor que no falla. Amén.

SI DIOS TE AMA...

Yo reprendo y disciplino a todos los que amo. Por lo tanto, sé fervoroso y arrepiéntete. Mira que estoy a la puerta y llamo. Si alguno oye mi voz y abre la puerta, entraré, cenaré con él y él conmigo. Al que salga vencedor le daré el derecho de sentarse conmigo en mi trono, como también yo vencí y me senté con mi Padre en su trono.

APOCALIPSIS 3:19-21

¿Vives en un hogar donde tus padres te disciplinan cuando te portas mal? Quizá te quiten los privilegios del teléfono si te sorprenden usándolo fuera de horas. O puede que te castiguen si llegas después de la hora límite. Aunque no suele ser divertido que te castiguen, seguro que entiendes por qué los padres tienen que hacerlo, ¿verdad? Para que te desarrolles y prosperes, por eso te enseñan a tomar mejores decisiones por medio de alguna disciplina. Y la Escritura dice que Dios reprende y castiga a los que ama. Dios no nos deja comportarnos como queramos. Puesto que nos ama, Dios está deseoso de disciplinarnos cuando nos arrepentimos.

Señor, Tú sabes en qué he pecado. Y aunque no siempre me gusten las consecuencias, agradezco tu disciplina vivificadora. Transforma mi corazón para que pueda parecerme más a Ti. Amén.

TÚ ERES EL CUERPO DE CRISTO

Cada uno de ustedes es parte de la iglesia,
y todos juntos forman el cuerpo de Cristo.
1 CORINTIOS 12:27 TLA

Cuando el apóstol Pablo escribió a la iglesia de Corinto, les dijo que todos eran miembros del cuerpo de Cristo. Y lo que les está diciendo, a ellos y a ti, es esto: *tú importas*. Tú ya le importas a Dios porque eres su hija amada. Pero también importas porque has recibido dones para usarlos en la construcción del reino de Dios. Tal vez tú seas los brazos que acunan a los bebés o que cavan pozos. O tal vez seas los ojos que se fijan en los que sufren. O puede que seas de las que prestan atención y saben escuchar a otros. O puedes ser la lengua que bendice a los demás con lo que dices. El cuerpo de Cristo necesita que uses tu don.

Señor, te agradezco que me hayas dado dones y talentos destinados a glorificarte. Te ofrezco todo lo que soy y te pido que me uses para que Tú seas conocido y amado. Amén.

EDIFÍCATE

Pero ustedes, queridos hermanos, edificándose sobre la base de su santísima fe y orando en el Espíritu Santo, manténganse en el amor de Dios, mientras esperan que nuestro Señor Jesucristo, en su misericordia, los lleve a vida eterna.

JUDAS 1:20-21

Donde yo vivo, siempre veo a gente haciendo ejercicio. A dos cuadras de mí, en el gimnasio, la gente levanta enormes objetos metálicos, lanza pelotas gigantes y corre calle arriba y calle abajo. Cuatro cuadras más al sur, en la YMCA, la gente nada, corre y levanta pesas para mantenerse en forma. Del mismo modo que invertimos en nuestra salud física, se nos invita a invertir en nuestra salud espiritual. Cuando oramos en el Espíritu Santo, nos arraigamos y enraizamos en el amor de Dios. Cuando oramos, *desarrollamos un músculo espiritual* que nos sostiene hasta que nos encontremos con el Señor en el cielo.

Señor, te doy gracias por tu Palabra. Envía tu Espíritu Santo para que me ayude en mis oraciones. Y al orar confío en que Tú me arraigas en la realidad de tu amor. Amén.

TE AYUDARÉ Y TE ENSEÑARÉ QUÉ DECIR

—SEÑOR, yo nunca me he distinguido por mi facilidad de palabra —objetó Moisés—. Y esto no es algo que haya comenzado ayer ni anteayer, ni hoy que te diriges a este siervo tuyo. Francamente, me cuesta mucho trabajo hablar.

—¿Y quién le puso la boca al hombre? —respondió el SEÑOR—. ¿Acaso no soy yo, el SEÑOR, quien lo hace sordo o mudo, quien le da la vista o se la quita? Anda, ponte en marcha, que yo te ayudaré a hablar y te diré lo que debas decir.

ÉXODO 4:10-12

Cuando se pregunta a la gente sobre sus principales temores, ¡el número uno es el miedo a hablar en público! Eso es lo que sintió Moisés cuando Dios lo envió para ser su portavoz en el mundo. Moisés protestó, alegando: «Soy torpe de palabra y de lengua». Como puedes imaginar, el Señor no estaba de acuerdo. Más bien, Dios prometió ayudar a Moisés a hablar y enseñarle lo que tenía que decir. (No es un mal profesor de oratoria, ¿verdad?). Cuando Dios te pida que hables —compartiendo el evangelio con un amigo, animando a alguien o combatiendo la injusticia como hizo Moisés—, ¡sé consciente de que Dios será tu ayudador!

Señor, deseo ser fiel al pronunciar palabras de vida en tu nombre. Así que te pido que seas mi ayudador y me enseñes qué decir. Amén.

YO SOY ÉL

La mujer le dijo:
–Yo sé que va a venir el Mesías, a quien también llamamos el Cristo. Cuando él venga, nos explicará todas las cosas.
Jesús le dijo:
–Yo soy el Mesías. Yo soy, el que habla contigo.
JUAN 4:25-26 TLA

En esta maravillosa conversación entre Jesús y una mujer samaritana en un pozo, ella no se da cuenta de con quién está hablando. Lo sabemos porque le cuenta a Jesús que el Mesías va a venir. Está ansiosa por conocer al que llaman «el Cristo», porque sabe que Él les dirá todo lo que necesitan saber. Al final de su maravillosa conversación –y espero que profundices en el capítulo 4 del Evangelio de Juan–, ella ha descubierto a Aquel que es el Cristo. Y como ya lo ve claro, sale corriendo a decir a todos los demás que el Mesías ha llegado.

Jesús, a veces estoy cegada, como esta mujer. No veo en Ti a quien realmente eres. Por el poder de tu Espíritu, quita las vendas de mi corazón para que pueda verte claramente y hablar de Ti a los demás. Amén.

LA MORADA DE DIOS ESTÁ AHORA ENTRE LAS PERSONAS

Oí una potente voz que provenía del trono y decía: «¡Aquí, entre los seres humanos, está el santuario de Dios! Él habitará en medio de ellos y ellos serán su pueblo; Dios mismo estará con ellos y será su Dios. Él enjugará toda lágrima de los ojos. Ya no habrá muerte ni llanto, tampoco lamento ni dolor, porque las primeras cosas han dejado de existir».

APOCALIPSIS 21:3-4

En el último libro de la Biblia, Apocalipsis, tenemos un vislumbre del cielo. No es una imagen clara, porque algunas cosas pueden ser difíciles de entender, pero podemos captar la esencia de lo que Dios siente por las personas que ama. En particular, Dios promete habitar en medio de su pueblo. Y cuando llegue ese día, será *tan bueno* que ya no habrá llanto. Genial, ¿verdad? En la persona de Jesús hemos tenido una muestra de lo que es que Dios viva entre nosotros, y un día sabremos plenamente lo que significa habitar en la presencia de Dios.

Dios, me encanta que este sea el plan de tu corazón para la humanidad. Gracias porque anhelas estar con nosotros y darnos la paz y la sanidad del quebrantamiento, como anhelamos. ¡Ven, Señor Jesús! Amén.

VERÉ LA BONDAD DE DIOS EN LA TIERRA DE LOS VIVIENTES

Pero de una cosa estoy seguro:
he de ver la bondad del SEÑOR
en esta tierra de los vivientes.
Pon tu esperanza en el SEÑOR;
cobra ánimo y ármate de valor,
¡pon tu esperanza en el SEÑOR!
SALMOS 27:13-14

En el salmo 27, el escritor se sincera sobre sus luchas y temores. Sin embargo, una y otra vez, el salmista confía en el amor de Dios. Lo que resulta particularmente singular en esta oración es que el salmista no anhela la paz en una vida posterior. No, el escritor anuncia: «He de ver la bondad del SEÑOR en la tierra de los vivientes». Eso significa básicamente: «Dios mío, cuento contigo para que me ayudes en esta vida, no después de muerta». Es una petición bastante atrevida, ¿no? Y el salmista anima a su audiencia: «Pon tu esperanza en el SEÑOR; cobra ánimo y ármate de valor, ¡pon tu esperanza en el SEÑOR!».

Dios, confío en que Tú estás conmigo y por mí. Y junto al salmista te ruego que respondas a mi oración para que pueda ver tu bondad a este lado del cielo. Amén.

CERTEZA SOBRE LO QUE NO VEMOS

Ahora bien, la fe es tener confianza en lo que esperamos, es tener certeza de lo que no vemos. Gracias a ella recibieron un testimonio favorable nuestros ancestros. Por la fe entendemos que el universo fue formado por la palabra de Dios, de modo que lo visible no provino de lo que se ve.

HEBREOS 11:1-3

Si tu padre te dice que vas a comer galletas con pepitas de chocolate de postre y hueles cómo se cuecen en el horno, es bastante fácil creer que recibirás lo que te ha prometido. O si tu madre te dice que te ha comprado una bici nueva y ves una atada a la valla del patio trasero, ¡es normal que la creas! Es fácil confiar en lo que vemos, oímos, probamos, tocamos y olemos. Pero ¿qué pasa con las cosas que nos han prometido y que no podemos ver? El autor de Hebreos llama fe verdadera a la confianza en lo que esperamos pero aún no podemos ver. ¿Estás dispuesta a ejercer este tipo de fe en Dios?

Dios, es fácil confiar en Ti para lo que ya puedo ver. Pero te pido que me des una fe grande, de la que confía en Ti para lo que aún no se puede ver. En tu nombre, amén.

EL SEÑOR SE ACUERDA DE NOSOTRAS

El Señor nos recuerda y nos bendice:
bendice a su pueblo Israel,
bendice a la familia de Aarón,
bendice a los que temen al Señor,
bendice a grandes y pequeños.
Salmos 115:12-13

¿Alguna vez te has cruzado con alguien que no recordaba quién eras? Quizá era un viejo amigo de la familia que no te veía desde que eras una bebé. O tal vez fuera una maestra del jardín de infancia que te conocía, pero no recordaba de cuándo. El salmista nos asegura que el Señor nunca nos olvida. De hecho, Dios nos lleva a cada una en su corazón. El salmista también promete que Dios bendecirá a su pueblo que le teme, tanto a los pequeños como a los grandes. Cierra los ojos e imagina el corazón amoroso de Dios, ¡y pídele que te muestre acurrucada allí! Eres amada. Eres recordada. Tú importas.

Señor, Tú sabes que a veces me siento insignificante, como si no le importara a nadie. Gracias por esta promesa de tu Palabra que dice que te importo y me llevas en tu corazón. Amén.

UN PROFUNDO ANHELO DE MÁS

Antes bien, anhelaban una patria mejor, es decir, la celestial. Por lo tanto, Dios no se avergonzó de ser llamado su Dios y les preparó una ciudad.

HEBREOS 11:16

Para animar a los cristianos que procuran vivir fielmente a Jesús, el autor de Hebreos nos recuerda a los fieles que nos precedieron: Abraham, Isaac, Jacob y Sara. Cada uno de ellos confió en Dios cuando aún no podía ver cómo se desarrollaría el resto de la historia. Y todos anhelaban algo más de lo que habían tenido: un hogar celestial donde Dios estuviera al mando. El escritor promete que, de hecho, Dios ha preparado una ciudad para recibir a los que son fieles. Hoy seguimos anhelando esa ciudad perfecta donde Dios hará que todo sea como debe ser.

Señor, igual que tus fieles que me han precedido, anhelo un mundo perfecto. Cuando veo el quebrantamiento que me rodea, mi alma tiene sed de estar contigo. Hoy, confío en Ti para que me des fuerzas, ¡y espero con impaciencia lo que ha de venir! Amén.

UN FUERTE ANHELO DE MÁS

El año de la muerte del rey Uzías vi al Señor sentado en un trono alto y excelso; las orlas de su manto llenaban el Templo. Por encima de él había serafines, cada uno de los cuales tenía seis alas: con dos de ellas se cubrían el rostro, con dos se cubrían los pies y con dos volaban. Y se decían el uno al otro:
«Santo, santo, santo es el SEÑOR de los Ejércitos;
toda la tierra está llena de su gloria».

ISAÍAS 6:1-3

¿Sabías que fuiste creada para alabar a Dios? Seguro que le has alabado con tu voz los domingos por la mañana. O tal vez escuches música de adoración en tu cuarto. O tal vez alabes a Dios escribiendo oraciones. Para eso fuiste creada. Jesús dice que si calláramos, como los religiosos querían que hicieran sus discípulos, ¡las piedras gritarían! (ver Lucas 19:40). Isaías describe a seres celestiales que adoran a Dios día y noche cantando: «¡Santo, santo, santo!». Cuando alabas a Dios, te unes a este coro que se ha oído a lo largo de los siglos.

Dios, creo que eres digno de toda alabanza y gloria. Que mi corazón, mis labios y mi voz te alaben, pues solo Tú eres digno. Amén.

SÉ FUERTE, ESTATE ALERTA, SÉ VALIENTE

Pero yo soy el Dios de Israel y estoy contigo, Zorobabel, con Josué y con todo el pueblo; ¡anímense y pongan manos a la obra! [...] ¡mi espíritu los acompaña! Por eso, no tengan miedo.

HAGEO 2:4-5 TLA

A lo largo de las Escrituras, cuando las cosas se le complican realmente al pueblo de Dios —cuando las circunstancias dan miedo, son peligrosas o inciertas—, Él promete estar con su pueblo. No se limita a mirar desde la distancia, sino que Dios está realmente *con nosotras* en nuestros momentos más difíciles. Y como tenemos la promesa de que el Espíritu de Dios permanece con nosotras, podemos ser fuertes. Podemos estar alerta. Podemos ser valientes. Tanto si tenemos que ser valientes para decir algo difícil a un adulto, como si no sabemos cómo pagar la universidad, o si tenemos que defender a alguien vulnerable, Dios promete ser nuestro ayudador.

Dios, cuando las cosas van bien puedo olvidarme de depender de Ti. Pero cuando las cosas se complican, cuando no puedo arreglármelas sola, te doy gracias porque prometes estar conmigo. ¡Hoy, mi valor y mi fuerza vienen de Ti! Amén.

¿JUZGAS Y HACES LO MISMO?

¿Piensas entonces que vas a escapar del juicio de Dios, tú que juzgas a otros y sin embargo haces lo mismo que ellos? ¿No ves que desprecias las riquezas de la bondad de Dios, de su tolerancia y de su paciencia, al no reconocer que su bondad quiere llevarte al arrepentimiento?

ROMANOS 2:3-4

Poco después de murmurar palabras irritadas sobre cómo alguien conduce delante de mí, me meto en un lío y hago algo parecido. O tal vez juzgo en silencio a una amiga por hablar mal de otra, pero luego me oigo a mí misma decir algo que no es del todo bueno. Así que no solo estoy juzgando a los demás, sino que los estoy juzgando literalmente por las mismas cosas que hago yo. A menudo, lo que nos resulta más intolerable en los demás son las formas en que reflejan algo de nuestros propios pecados y defectos. Pero Pablo dirige nuestra mirada desde nosotras *y* los demás hacia Aquel que nos ama desde «las riquezas de [su] bondad». ¡Eso es lo que puede cambiar nuestros corazones!

Señor, Tú conoces la condición de mi corazón. Perdóname cuando juzgo a otros, y lléname de tu bondad, tolerancia y paciencia, para tu gloria. Amén.

YO ESTOY CONTIGO

La palabra del SEÑOR vino a mí y me dijo: «Antes de formarte en el vientre, ya te había elegido; antes de que nacieras, ya te había apartado; te había nombrado profeta para las naciones». Yo respondí: «¡Ah, mi SEÑOR y Dios! ¡Soy muy joven y no sé hablar!». Pero el SEÑOR me dijo: «No digas: "Soy muy joven", porque vas a ir adondequiera que yo te envíe y vas a decir todo lo que yo te ordene. No tengas temor delante de ellos que yo estoy contigo para librarte», afirma el SEÑOR.

JEREMÍAS 1:4-8

Mientras escuchamos el llamado de Dios a Jeremías, oímos temas importantes que se entretejen también en otras partes de las Escrituras. El anuncio de Dios de que formó a Jeremías en el vientre de su madre nos recuerda lo que aprendemos sobre Dios en el salmo 139. Y la resistencia de Jeremías al llamado de Dios, expresando su sentimiento de inadecuación por ser tan joven, nos recuerda a Moisés y a muchos otros que Dios envía. (¡Quizás era un adolescente!). En el fondo, sin embargo, Dios promete estar con Jeremías y ayudarle. Y esa es también la promesa de Dios para ti.

Señor, ¡quiero decirte que sí cuando me llames! Dame el valor y la fe para responder en obediencia cuando me llames a servirte. Amén.

LA ORACIÓN DE JESÚS POR SUS DISCÍPULOS

No te pido que los quites del mundo, sino que los protejas del maligno. Ellos no son del mundo, como tampoco lo soy yo. Santifícalos en la verdad; tu palabra es la verdad. Como tú me enviaste al mundo, yo los envío también al mundo. Y por ellos me santifico a mí mismo, para que también ellos sean santificados en la verdad.

JUAN 17:15-19

Al final del ministerio terrenal de Jesús, se nos da un bello y especial vislumbre de su vida de oración. Oímos a Jesús hablando con su Padre. Y su oración por sus amigos, sus discípulos, antes de dejarlos es impresionante: «No te pido que los quites del mundo, sino que los protejas del maligno». Cuando enfrentamos dificultades, muchas nos preguntamos por qué Dios no nos libró de ellas desde el principio. Es una pregunta legítima, ¿verdad? Y es lógico que prefiramos evitar la adversidad. Pero la oración de Jesús nos recuerda que, aunque encontremos dificultades, Dios es fiel para protegernos del enemigo. Esta semana, cuando te enfrentes a algo que preferirías no tener delante, únete a la oración de Jesús pidiéndole a Dios que te proteja del maligno.

Dios, Tú ya conoces los retos a los que me enfrento y me enfrentaré. Así que hoy oro con Jesús y te pido que me protejas del enemigo de mi alma. Amén.

¿PUEDEN LAS PALABRAS ESTAR VIVAS?

Sin duda, la palabra de Dios es viva, eficaz y más cortante que cualquier espada de dos filos. Penetra hasta lo más profundo del alma y del espíritu, hasta la médula de los huesos, y juzga los pensamientos y las intenciones del corazón. Ninguna cosa creada escapa a la vista de Dios. Todo está al descubierto, expuesto a los ojos de aquel a quien hemos de rendir cuentas.

HEBREOS 4:12-13

A veces, en nuestra cultura, se oye decir que la Biblia es un libro antiguo y obsoleto, poco relevante para nuestra vida moderna. Y aunque la Biblia refleja la cultura y la época en que fue escrita, ¡en ninguna manera es irrelevante! El autor de Hebreos nos recuerda que la Palabra de Dios no es un documento estático, como podría serlo un libro de texto o un manual de instrucciones. ¡La Palabra de Dios está viva! Usando un lenguaje bello y poético, el escritor afirma que la Palabra de Dios es «más afilada que cualquier espada de doble filo» porque tiene la capacidad de penetrar en nuestro interior. Nos abre los ojos y los oídos a lo más genuino de Dios, de nosotras mismas y de los demás.

Dios, hoy me someto al poder de tu santa Palabra. Muéstrame lo que necesito descubrir, y ayúdame a ser fiel en mi respuesta. Amén.

MI FERVIENTE ORACIÓN FUE PARA TI

Me hundí bajo las olas y las aguas se cerraron sobre mí;
las algas se enredaban en mi cabeza [...].
Cuando la vida se me escapaba, recordé al SEÑOR.
Elevé mi oración sincera hacia ti en tu santo templo.
JONÁS 2:5, 7 NTV

¿Conoces la historia de Jonás? Dios le encargó a Jonás que fuera a servir al pueblo de Nínive, pero Jonás no quiso. Cuando intentó huir, poniendo en peligro a todos los que iban en su barco, fue arrojado por la borda y tragado por un enorme pez. (Un mal día, ¿no?). Fue entonces cuando Jonás tomó su primera buena decisión en mucho tiempo: oró a Dios. Con las algas envolviéndole la cabeza, al borde de la muerte en el estómago del pez, Jonás se acordó del Señor y le pidió ayuda. ¿Y sabes qué? *Dios le ayudó*. Es lo que a Dios le gusta. En cualquier situación en que te encuentres, Dios anhela escuchar tu oración y ser tu ayudador.

Señor, te doy gracias porque no hay situación que pudiera elegir, o a la que pudiera estar sometida, en la que Tú no escucharas mi oración. Gracias por ser mi fiel libertador. Amén.

SI TE ENOJAS, NO PEQUES

Por lo tanto, dejando la mentira, hable cada uno a su prójimo con la verdad, porque todos somos miembros de un mismo cuerpo. «Si se enojan, no pequen». No permitan que el enojo les dure hasta la puesta del sol ni den cabida al diablo.

EFESIOS 4:25-27

¿Crees que los cristianos pueden enojarse? Algunas familias enseñan a los niños que no deben enojarse. Que en lugar de enfadarse, tienen que sonreír y fingir que todo va bien. Pero eso no es bíblico. En el Antiguo Testamento nos encontramos con un Dios que se enojaba ante la injusticia porque ¡amaba a las personas que sufrían por ella! Cuando Pablo dice: «Si se enojan, no pequen», no está diciendo que no te enfades. Cuando se hace daño a los niños, o se esclaviza a otras personas, o se desatiende a los ancianos, ¡*deberíamos* enojarnos! Pero Pablo enseña que podemos enojarnos sin *pecar*. Podemos usar la energía justa de nuestra ira para efectuar cambios sin pecar contra Dios ni contra los demás.

Dios, te alabo por ser un Dios de justicia. Enséñame lo que significa compartir tu justa ira y ser fiel en mi respuesta como discípula tuya. Amén.

YO SERÉ SU PADRE

Será él quien construya una casa en honor de mi Nombre
y yo afirmaré el trono de su reino para siempre.
Yo seré su Padre y él será mi hijo.

2 SAMUEL 7:13-14

¿Qué pensarías si te dijera que Jesús no fue el primer hijo de su Padre en la tierra? Dado que el Padre y el Hijo existen juntos desde antes de los tiempos, Jesús tiene derecho a ostentar el título de primogénito. Pero antes de que Jesús naciera de una mujer, hubo otro ser humano al que Dios llamó «hijo». Cuando Dios llamó a David, a través su profeta Samuel, le anunció: «Yo seré su Padre y él será mi hijo». Así que cuando David reinó sobre Israel, no lo hizo únicamente con su propia autoridad. De una manera muy particular, representaba al Dios de Israel. Aunque hoy en día la política no funciona así, el hecho de que Dios te haya llamado hija suya significa que eres su representante en el mundo, como constructora y portadora de su reino.

Dios, gracias por llamarme tuya. Me ofrezco para ser
tu sierva y te invito a que me guíes por tu Espíritu
Santo cuando te represento en este mundo. Amén.

LA MISIÓN DEL SIERVO DE DIOS

El Espíritu del SEÑOR *y Dios está sobre mí, por cuanto me ha ungido para anunciar buenas noticias a los pobres. Me ha enviado a sanar los corazones heridos, a proclamar libertad a los cautivos y la liberación de los prisioneros, a pregonar el año del favor del* SEÑOR *y el día de la venganza de nuestro Dios, a consolar a todos los que están de duelo y a confortar a los dolientes de Sión.*

ISAÍAS 61:1-3

En el tercer Evangelio, Lucas describe lo que fue algo así como el discurso inaugural de Jesús al comienzo de su ministerio terrenal. Cuando se presentó en la sinagoga para leer, le entregaron el rollo de Isaías. Al desenrollarlo, encontró la parte que hablaba de Él. Siglos antes, Dios había prometido que su siervo traería buenas noticias a los pobres y libertad a los cautivos. Cuando Jesús leyó esas palabras —que se habían leído en la sinagoga de Nazaret durante siglos—, por fin cobraron vida. Se realizaban en la persona de Jesús.

Señor, gracias por enviar a tu siervo Jesús para redimir al mundo. En Él, los pobres y los quebrantados de corazón reciben buenas noticias. Y en Él, ¡recibo buenas noticias! Amén.

LA RELIGIÓN BUENA Y LA MALA

Si alguien se cree religioso, pero no le pone freno a su lengua, se engaña a sí mismo y su religión no sirve para nada. La religión pura y sin mancha delante de Dios nuestro Padre es esta: atender a los huérfanos y a las viudas en sus aflicciones y conservarse limpio de la corrupción del mundo.

SANTIAGO 1:26-27

En estos días, las palabras *religión* y *religioso* han recibido una verdadera paliza. Incluso los cristianos que aman y siguen a Jesús a menudo quieren mantener distancias con las personas que son «religiosas». Pero en el siglo primero, la religión no tenía algunas de las connotaciones negativas que tiene hoy. Sin embargo, Santiago quería ser claro sobre el tipo de religión que honra a Dios. El tipo inútil, escribe, es el que practican quienes no controlan bien su lengua. ¡Y puede que ni siquiera se den cuenta de que están engañados! Pero ¿cuál es el tipo verdadero? ¿El tipo de «religión» que deleita el corazón de Dios? Hoy, como entonces, es cuidar de las viudas y los huérfanos, y mantenerse pura. Eso, como afirma Santiago, es lo que agrada a Dios.

Padre, anhelo serte fiel. Muéstrame cómo puedo, en mi vida, cuidar a aquellos que Tú amas y que sufren con necesidades urgentes. Y ayuda a mi corazón a permanecer puro, en tu nombre. Amén.

GOBERNAR LA TIERRA

Luego dijo Dios: «Hagamos al ser humano a nuestra imagen y semejanza. Que tenga dominio sobre los peces del mar y sobre las aves del cielo; sobre los animales domésticos, sobre los animales salvajes y sobre todos los animales que se arrastran por el suelo».

GÉNESIS 1:26

Cuando Dios creó al ser humano a su imagen y semejanza, anunció que gobernaría, que gobernaríamos, sobre todas las criaturas del planeta. Luego, después de encargarles que se multiplicaran, Dios dio a los seres humanos también el mando sobre todo lo que crece en la tierra. Menudo trabajo, ¿no? Algunos expertos sostienen incluso que esto –guardar lo que Dios ha creado– es lo que significa reflejar la imagen de Dios. El encargo que se dio a Adán y Eva es el mismo del que somos responsables hoy. Y en un mundo en el que cada vez se abusa más de los recursos de Dios, es importante encontrar formas de ser fieles administradoras de la creación de Dios en lo que compramos, en lo que comemos y en cómo vivimos.

Buen Creador, gracias por crearnos y sostenernos con recursos tan abundantes. Has sido un proveedor fiel. Muéstrame cómo puedo honrar y proteger tu creación. Amén.

VENCER AL DIABLO

Jesús, lleno del Espíritu Santo, volvió del Jordán y fue llevado por el Espíritu al desierto. Allí estuvo cuarenta días y fue tentado por el diablo [...]. –Si eres el Hijo de Dios –propuso el diablo–, ordénale a esta piedra que se convierta en pan. Jesús respondió: –Escrito está: "No solo de pan vive el hombre".

LUCAS 4:1-4

¿Has visto alguna vez un dibujo animado en el que alguien tiene a un diablo en un hombro, hablándole a la tentación en un oído, y a un ángel en el otro hombro, dándole sabios consejos? Ese tipo de ingenuas representaciones no reflejan la astucia de nuestro enemigo. Cuando Lucas nos muestra el encuentro de Jesús con Satanás, Jesús nos enseña cómo vencer a esa serpiente. Cuando Satanás le tienta, Jesús siempre responde a la tentación con las Escrituras. No se basa en buenas intenciones, ni siquiera en su fuerza de voluntad, aunque sin duda poseía ambas. Cuando estaba más débil físicamente, Jesús sacó fuerzas de lo que Dios le proporcionó.

Señor, Tú conoces mis tentaciones. Gracias por la seguridad de que, igual que Jesús, yo también puedo resistir la tentación confiando en tu santa Palabra. Amén.

LO QUE OÍ TE LO HE DADO A CONOCER

Ustedes son mis amigos si hacen lo que yo les mando. Ya no los llamo siervos, porque el siervo no está al tanto de lo que hace su amo; los he llamado amigos, porque todo lo que a mi Padre le oí decir se lo he dado a conocer a ustedes.

JUAN 15:14-15

Cuando Jesús supo que su vida terrenal estaba llegando a su fin, reunió a sus amigos para equiparlos y para que supieran cómo vivir en su ausencia. Jesús da a entender aquí que lo que los hace *amigos* es que todo lo que aprendió de su Padre lo compartió con ellos. Para mí, ¡esa es una definición muy buena de la amistad! ¿Compartes con tus amigas lo que estás aprendiendo del Padre? Tal vez tengas la oportunidad de hablar de ese tipo de cosas en un grupo pequeño. O tal vez sea algo que tú y tu amiga comentan de camino a clase. Cuando el Padre se te muestra, no dejes de hablar de ello con tus amigos.

Jesús, te doy gracias por el amor que tenías por tus amigos. Tú viviste fielmente entre ellos, y yo anhelo vivir también así entre mis amigos. Amén.

SEGUIR POR EL BUEN CAMINO

¿Cómo puede el joven mantener limpio su camino?
Viviendo conforme a tu palabra. Yo te busco con todo el corazón;
no dejes que me desvíe de tus mandamientos. En mi
corazón atesoro tus dichos para no pecar contra ti.

SALMOS 119:9-11

Quizá recuerdes que el salmo 119 describe y celebra lo que es vivir una vida que Dios ordena y bendice. Es el salmo más largo de la Biblia, y cada versículo se refiere de algún modo a vivir adecuadamente, según el designio de Dios. Descubrimos que experimentamos la vida auténtica cuando nos sometemos a ser guiadas por la Palabra de Dios para poder andar como Él quiere. Encontramos ese sendero sagrado aferrándonos a lo que el salmista describe como el «camino de la pureza», «tu palabra» y «tus mandamientos». ¿Hay algún aspecto, hoy, en el que te hayas desviado del camino que sabes que Dios ha preparado para ti? ¿Cómo te invita Dios a volver al camino?

Señor, gracias porque eres fiel para guiarme por los caminos de la vida. Esta semana, abre mis ojos al camino que Tú has preparado para mí. Amén.

UN PODER INESPERADO

Pero él me dijo: «Te basta con mi gracia, pues mi poder se perfecciona en la debilidad». Por lo tanto, gustosamente presumiré más bien de mis debilidades, para que permanezca sobre mí el poder de Cristo. Por eso me regocijo en debilidades, insultos, privaciones, persecuciones y dificultades que sufro por Cristo; porque, cuando soy débil, entonces soy fuerte.

2 CORINTIOS 12:9-10

En este mundo, sobreviven los más fuertes. Lo habrás visto en vídeos de YouTube o Animal Planet en los que los animales deben luchar para sobrevivir. Lo habrás visto en los *reality shows* en los que todos compiten para ganar un premio. ¡Seguro que hasta lo has visto en tu instituto! Nadie aspira a ser *débil*. Excepto... los cristianos. Cuando Jesús renunció primero a sus privilegios celestiales y después a su vida humana por nosotros, ¡cambió las tornas por completo! En uno de los profundos misterios del evangelio, somos más fuertes –por la fuerza de Dios en nuestro interior– cuando somos débiles.

Señor, no entiendo completamente cómo haces las cosas. Sin embargo, creo que en mis debilidades puede verse más claramente tu fuerza. ¡Que tu fuerza se vea en mí! Amén.

UN PASTOR QUE ES BUENO

El Señor es mi pastor, nada me falta; en verdes pastos me hace descansar. Junto a tranquilas aguas me conduce; me infunde nuevas fuerzas. Me guía por sendas de justicia haciendo honor a su nombre. Aun si voy por valles tenebrosos, no temeré ningún mal porque tú estás a mi lado; tu vara y tu bastón me reconfortan.

SALMOS 23:1-4

En uno de los salmos sin duda más populares, el escritor presenta a Dios como un pastor. Si no vives en una cultura agraria, puede que no sepas exactamente lo que eso implica. El pastor se asegura de que las ovejas reciban lo que más necesitan: seguridad, descanso, comida y bebida. Cuando una oveja se aleja, el pastor usa su vara y su cayado —que a menudo usan para disciplinar a las ovejas— para conducir a las descarriadas de vuelta al rebaño. El salmista ha conocido a Dios como el que se asegura de que nuestras necesidades sean satisfechas. El que nos da descanso. El que nos alimenta. El que nos protege.

Dios, deseo conocerte como el Pastor que es bueno. Ya sabes cómo a veces tengo la tentación de alejarme. Acércame a tu lado para que pueda hallar mi vida en Ti. Amén.

HONRA A LOS DEMÁS POR ENCIMA DE TI MISMA

El amor debe ser sincero. Aborrezcan el mal; aférrense al bien. Ámense los unos a los otros con amor fraternal, respetándose y honrándose mutuamente.

ROMANOS 12:9-10

Los deseos de satisfacción y placer, que sin duda están entretejidos en nuestra naturaleza como una importante habilidad de supervivencia, nos desvían cuando empezamos a pensar solo en nuestras necesidades y deseos. Cuando el apóstol Pablo instruye a los creyentes de Roma sobre cómo vivir juntos como cuerpo de Cristo, les recuerda que deben honrar a los demás por encima de sí mismos. Si pensamos en honrar a nuestros padres, o abuelos, u otras figuras adultas de autoridad en nuestras vidas, tiene sentido. Por supuesto que los honraremos por encima de nosotras mismas. Pero ¿qué pasa cuando es ese primo pequeño que nos saca de nuestras casillas? ¿O el niño del colegio que almuerza solo? Pide a Dios que te muestre lo que significa honrar a los demás por encima de ti misma.

Señor, enséñame tus caminos. Quiero pensar en los demás más de lo que pienso en mí misma, y servirles más de lo que me sirvo a mí misma. Libérame para que pueda amar como Tú amas. Amén.

EL GLORIOSO SILENCIO DE DIOS

¡Pues tu Dios está contigo
y con su poder te salvará.
Aunque no necesita de palabras
para demostrarte que te ama,
con cantos de alegría te expresará
la felicidad que le haces sentir,
Sofonías 3:17 TLA

Es un regalo escuchar a Dios. Tal vez hemos estado suplicando a Dios una respuesta y, mientras leemos las Escrituras, la respuesta se nos muestra clara como el día. O tal vez Dios nos habla por boca de alguien en quien confiamos, como un padre o un líder en la iglesia. Somos bendecidas cuando oímos la voz de Dios. Así que la exhortación de Sofonías sobre la ausencia de palabras de Dios es un poco curiosa, ¿verdad? Pero el silencio al que se refiere es un silencio sagrado. Sofonías dice que en lugar de recordarnos nuestros pecados, Dios no hace mención de ellos. De hecho, ¡ni siquiera puede recordarlos!

Señor, cuando oigo una voz molesta que me
recuerda los pecados que Tú ya has perdonado,
sé que esa voz no es tuya. Tú no me condenas,
sino que te hago sentir alegría. Amén.

ESTA ES LA MEDIDA DEL AMOR

En esto conocemos lo que es el amor: en que Jesucristo entregó su vida por nosotros. Así también nosotros debemos entregar la vida por nuestros hermanos. Si alguien que posee bienes materiales ve que su hermano está pasando necesidad y no tiene compasión de él, ¿cómo se puede decir que el amor de Dios habita en él? Queridos hijos, no amemos de palabra ni de labios para afuera, sino con hechos y de verdad.

1 JUAN 3:16-18

Si quieres saber cuántas lonchas de queso hay en un paquete, puedes contarlas. ¿Pero el amor? Eso es un poco más difícil de medir, ¿no? Sin embargo, Juan nos enseña una manera. La medida del amor, afirma, es la forma en que Jesús nos amó. Él dio su vida por nosotros (#granamor!), y cuando amamos a otros como es debido, damos la vida por ellos. Incluso ofrece un ejemplo claro de amor que se da a sí mismo: cuando las personas tienen necesidades materiales —alimentos, ropa, vivienda—, las cuidamos dando de lo que tenemos.

Quiero amar de verdad a los demás compartiendo con ellos de todo lo que Tú me has dado. Enséñame a amar con un amor sacrificado, como el tuyo. Amén.

UN REFUGIO EN TIEMPOS DIFÍCILES

Bueno es el SEÑOR; es refugio en el día de la angustia y conoce a los que en él confían.
NAHÚM 1:7

Cuando nuestras vidas van bien —cuando tenemos buenas calificaciones, nos divertimos con nuestras amigas y estamos sanas y fuertes— puede ser tentador poner en piloto automático nuestra fe. ¿Ir a la iglesia? Marco la casilla. ¿Leer el devocional diario? La marco. Entonces, cuando la vida da un giro imprevisto, cuando experimentamos pérdidas o dificultades, de repente nos sentimos más motivadas a acercarnos a Dios. Gracias a Dios, cuando nos movemos hacia Él, Dios se mueve hacia nosotras. Y la Palabra de Dios nos promete que el Señor es un refugio en tiempos de angustia. Cuando ponemos nuestra confianza en Dios, Él cuida de nosotras. ¿Cuándo has experimentado el cuidado de Dios en las dificultades?

Señor, gracias porque eres bueno. Tú eres una fortaleza poderosa y un refugio en tiempos de angustia. Veo cómo me has cuidado en el pasado, y busco refugio en tu amor hoy. Amén.

YO SOY LA LUZ DEL MUNDO

Jesús les habló otra vez, diciendo: «Yo soy la Luz del mundo;
el que me sigue no andará en tinieblas, sino
que tendrá la Luz de la vida».

JUAN 8:12 NBLA

Muchas de las que vivimos «conectadas» y tenemos acceso constante a comodidades como luz eléctrica en nuestras casas, farolas y teléfonos móviles puede que no hayamos experimentado la oscuridad total. Pero si te alejas de la civilización, y acampas al aire libre en una noche sin luna, ¡descubrirás lo que es realmente la oscuridad! Cuando Jesús se identificó ante quienes sentían curiosidad por Él, afirmó que era la Luz del mundo. Aunque no resulte obvio para el oído moderno, esa era en realidad una designación real en el mundo antiguo: ¡«Luz del mundo» se aplicaba a los reyes! Y, en efecto, Jesús es el Rey que trae luz a la oscuridad de nuestras vidas cuando le seguimos.

Jesús, al seguir tu luz, me conduces a la vida.
Gracias por ser quien eres. Abre mis ojos para
que pueda verte con claridad. Amén.

¿QUÉ QUIERES QUE JESÚS HAGA POR TI?

Él, arrojando la capa, dio un salto y se acercó a Jesús.
—¿Qué quieres que haga por ti? —le preguntó.
—Raboni, quiero ver —respondió el ciego.
—Puedes irte —dijo Jesús—, tu fe te ha sanado.
Al instante recobró la vista y comenzó a seguir a Jesús por el camino.
MARCOS 10:50-52

La pregunta de Jesús al ciego parece un poco innecesaria, ¿no? Es como si pidieras cita con un especialista y entraras en su consulta con un tenedor clavado en el pie; el motivo de tu visita sería evidente. Pero está claro que cuando somos capaces de hablar de nuestra necesidad a Jesús, algo sucede *«Rabí, quiero ver»*. *«Señor, sálvame»*. *«Jesús, mi corazón necesita sanidad»*. Cuando llevamos nuestras peticiones a Jesús, participamos en lo que Él anhela hacer en nuestras vidas mostrando fe en quién es Él.

Jesús, te has dado a conocer como el Gran Médico. Creo que Tú sanaste a muchos y que puedes sanarme a mí. Así que te digo lo que necesito y pongo mi fe en Ti. Amén.

EL AMOR ES FUERTE COMO LA MUERTE

Grábame como un sello sobre tu corazón;
llévame como una marca sobre tu brazo.
Fuerte es el amor, como la muerte;
el celo, inconmovible como el sepulcro.
Como llama divina es el fuego ardiente del amor.
CANTAR DE LOS CANTARES 8:6

Uno de los factores del comportamiento humano es un motivo de ansiedad en el que algunas pensamos a menudo y otras evitamos por completo: nuestro temor a la muerte. Aunque no lo tengamos presente de forma consciente, este instinto innato nos protege de cualquier daño porque aun sin darnos cuenta nos motiva a evitar situaciones peligrosas o amenazadoras. En una bella y poética canción de amor que leemos en el Antiguo Testamento, el Cantar de los Cantares, el escritor afirma que hay una fuerza que es tan fuerte como la muerte: *el amor*. Lo he visto en mis relaciones y también lo veo en la persona de Jesús. Su gran amor por nosotros venció el poder de la tumba.

Jesús, te alabo porque has vencido a la muerte de una vez por todas. Gracias por liberarme de las garras de la muerte de una vez por todas. Enséñame a vivir como una persona que NO vive con miedo. Amén.

EL SUFRIMIENTO LLEVA A LA ESPERANZA

Y no solo en esto, sino también en nuestros sufrimientos, porque sabemos que el sufrimiento produce perseverancia; la perseverancia, entereza de carácter; la entereza de carácter, esperanza. Y esta esperanza no nos defrauda, porque Dios ha derramado su amor en nuestro corazón por el Espíritu Santo que nos ha dado.

ROMANOS 5:3-5

Cuando estamos sufriendo, es difícil ver mucho más. Si tenemos depresión, si hemos perdido a un ser querido o si padecemos dolor físico, es natural que nos consuma nuestro sufrimiento. En su carta a la iglesia de Roma, Pablo recuerda a quienes puedan estar sufriendo que, para los creyentes, el sufrimiento no es un fin en sí mismo. Más bien, cuando confiamos en Jesús, el sufrimiento puede producir perseverancia, o *determinación*. Esa perseverancia es como desarrollamos el carácter. ¡Y ese carácter produce esperanza! Si hoy estás sufriendo, debes saber que Dios está contigo. Si lo permites, un día puede dar frutos en tu vida.

Señor, Tú sabes que yo preferiría evitar el sufrimiento al que me he enfrentado. Pero confío en que Tú puedes redimirlo para tus propósitos y mi bien. ¡Ven, Señor Jesús! Amén.

PERTENECEMOS A DIOS

Porque ninguno de nosotros vive para sí mismo ni tampoco muere para sí. Si vivimos, para el Señor vivimos; y si morimos, para el Señor morimos. Así pues, sea que vivamos o que muramos, del Señor somos. Para esto mismo murió Cristo y volvió a vivir, para ser Señor tanto de los que han muerto como de los que aún viven.

ROMANOS 14:7-9

¿Has conocido a alguien que haya muerto? Algunos, confiando en la bondad de Dios, se entregarán tranquilamente a los brazos amorosos de Dios. Otros, por muchas razones, sentirán miedo y se resistirán a la muerte hasta el último aliento. Lo que he visto en quienes abandonan este mundo con dulzura cuando su vida terrenal toca a su fin, para ser recibidos por Dios en la otra, es que confían en el cuidado amoroso de Dios. Ellos reflejan esta actitud de Pablo: «Si vivimos, vivimos para el Señor; y si morimos, morimos para el Señor». ¿No te parece la libertad más maravillosa? Querida, no ignores que en la vida y en la muerte perteneces a Dios.

Dios, te doy gracias por la sólida seguridad de que Tú eres el Señor de todo. Creo que tanto si vivo como si muero, te pertenezco. Amén.

LOS PLANES QUE DIOS TIENE PARA TI

Yo sé los planes que tengo para ustedes, planes para su bienestar y no para su mal, a fin de darles un futuro lleno de esperanza. Yo, el Señor, lo afirmo.

JEREMÍAS 29:11 DHH

Después de ser llevado al exilio en Babilonia, el pueblo de Dios está tambaleante y confundido. Y Dios les da instrucciones que no esperaban. En lugar de ordenarles que se escabullan en plena noche y regresen a casa, les dice que echen raíces en esta nueva tierra. Les ordena que se casen y tengan familia. Y Dios promete acudir a ellos al cabo de *setenta años* para cumplir su promesa de ayudarles a regresar a casa. (¡Caramba!). En medio de lo que parece un castigo cruel, Dios asegura a su amado pueblo que Él le cubre las espaldas. De hecho, Él tiene intenciones y planes buenos para ellos. ¿Puedes creer hoy que Dios tiene algo bueno reservado para ti?

Señor, mis circunstancias no siempre dan a entender que Tú tienes algo bueno reservado para mí. Pero confío en que Tú me cuidas y nunca me abandonarás. Pongo mi esperanza en Ti Amén.

OTRO TIPO DE PAZ

Les doy la paz, mi propia paz, que no es como la paz que se desea en este mundo. No se preocupen ni tengan miedo por lo que pronto va a pasar.

JUAN 14:27 TLA

En los años sesenta y setenta, los *hippies*, vestidos con *jeans* y camisetas teñidas, que querían la paz y no la guerra, mostraban el signo de la paz con dos dedos. En el mundo antiguo, sin embargo, y sobre todo en el contexto judío, «paz» significaba mucho más que ausencia de guerra. En hebreo, la palabra *shalom* —que a menudo se traduce como «paz»— significaba una sensación integral de bienestar. Este es el tipo de paz que Jesús ofrece a quienes confían en Él. Y Él es claro: significa algo diferente a la definición que el mundo tiene de *paz*. Cuando hacemos el propósito de confiar en Dios con todo lo que somos, y le ofrecemos todo nuestro corazón, Dios nos da una paz que sobrepasa todo entendimiento.

Jesús, anhelo experimentar la paz que Tú das. Llena mi corazón con tu Espíritu para que pueda recibir todo lo que Tú me ofreces. Tranquiliza mi corazón atribulado mientras confío en Ti. Amén.

CORRER PARA CONSEGUIR EL PREMIO

¿No saben que en una carrera todos los corredores compiten, pero solo uno obtiene el premio? Corran, pues, de tal modo que lo obtengan. Todos los deportistas se entrenan con mucha disciplina. Ellos lo hacen para obtener una corona que se echa a perder; nosotros, en cambio, por una que dura para siempre.

1 CORINTIOS 9:24-25

¿Has tenido alguna vez un entrenador que te presionara mucho? ¿Alguna vez lo has dado todo en los *sprints*, el entrenamiento con pesas o los ejercicios? Ese es el tipo de entrenamiento que Pablo recomienda a los primeros cristianos. No, no tenían que hacer cardio, pero les exhortaba a *correr de tal modo que obtuvieran el premio*. Muchas de nosotras damos el 110 % en nuestros equipos deportivos, en nuestros estudios o incluso en nuestros trabajos a tiempo parcial, y Pablo está diciendo que como seguidoras de Cristo debemos hacer lo mismo. ¿Cuál es la razón, según Pablo? Porque es una inversión duradera.

Jesús, oigo tu llamado a la excelencia en mi relación contigo y cómo vivo mi fe en el mundo. Así que me someto a Ti como mi maestro y entrenador. Enséñame tus caminos para que pueda glorificarte en todo lo que hago. Amén.

ÉL LEVANTA DE NUEVO A LAS VÍCTIMAS

El Señor juzga con verdadera justicia a los que sufren violencia. [...]. Pero el amor del Señor es eterno para aquellos que lo honran; su justicia es infinita por todas las generaciones, para los que cumplen con su alianza y no se olvidan de obedecer sus mandatos.

SALMOS 103:6, 17-18 DHH

¿Conoces una paráfrasis de la Biblia llamada *The Message*? El escritor y pastor Eugene Peterson, erudito versado en las antiguas lenguas bíblicas, ha escuchado con atención los textos originales y los ha traducido, o parafraseado, tal como sonarían hoy. Y la frase de este salmo «El Señor juzga con verdadera justicia a los que sufren violencia» la traduce como: «Él vuelve a poner en pie a las víctimas». Me conmueve mucho esta tierna imagen de Dios que cuida de las víctimas y las vuelve a poner en pie. Este es el amor íntimo que Dios nos tiene.

Señor, te doy gracias porque eres un Dios que ama la justicia y la rectitud. Que tu justicia prevalezca en la tierra. También me encanta que te preocupes apasionadamente por los que son víctimas de la injusticia. Llénalos de tu amor y ponlos de nuevo en pie. Amén.

EL MOVIMIENTO SE DEMUESTRA ANDANDO

Queridos hermanos, amémonos los unos a los otros, porque el amor viene de Dios y todo el que ama ha nacido de él y lo conoce. El que no ama no conoce a Dios, porque Dios es amor. Así manifestó Dios su amor entre nosotros: en que envió a su Hijo único al mundo para que vivamos por medio de él.

1 JUAN 4:7-9

¿Has oído alguna vez el dicho «La prueba está en el pudín»? Es una forma de decir que si realmente quieres saber lo que contiene algo, tienes que comértelo. Si de verdad quieres saber si las galletas con pepitas de chocolate de la mamá de tu amiga son mejores que las de tu mamá, tienes que probarlas. Ya te haces una sabrosa idea. Juan sabe que el movimiento se demuestra andando: si has nacido de Dios y conoces a Dios, *amarás a los demás*. Porque Dios es amor, así de simple. Pero no te preocupes por usar la prueba del pudín infalible para juzgar a los demás. La gran pregunta es: «Si Dios es amor, ¿estás *tú* amando a los demás?».

Dios, te doy gracias porque Tú eres amor. Gracias por encarnarte en la persona de Jesús para mostrarnos cómo es tu amor. Enséñame a amar como Él. Amén.

UNA RESPUESTA AMABLE MEJORA LAS COSAS

La respuesta amable calma la ira, pero la agresiva provoca el enojo.
La lengua de los sabios adorna el conocimiento;
la boca de los necios escupe necedades.
Los ojos del SEÑOR están en todo lugar,
vigilando a los buenos y a los malos.
La lengua que brinda alivio es árbol de vida;
la lengua perversa deprime el espíritu.
PROVERBIOS 15:1-4

Si preguntaran a tus hermanos o a tus padres si tienes mucho carácter y una lengua demasiado rápida, o si eres una chica más equilibrada que dice palabras buenas y amables, ¿qué responderían? (¡Apuesto a que ni siquiera tienes que preguntarles para saber la respuesta! Jajaja). Las palabras que usamos son poderosas, y cuando usamos palabras ásperas, en realidad causamos daño a las personas y a las relaciones. La joven sabia dice palabras tranquilizadoras que dan vida a los demás. ¡Sé tú esa joven!

Señor, Tú sabes cómo soy. También sabes que quiero
honrarte con las palabras que salen de mi boca.
Envía tu Espíritu para que me guíe y pueda decir
palabras de sabiduría que vengan de Ti. Amén.

PAN QUE SACIA

Sus antepasados comieron maná en el desierto, pero todos murieron, sin embargo, el que coma el pan del cielo nunca morirá. Yo soy el pan vivo que descendió del cielo. Todo el que coma de este pan vivirá para siempre; y este pan, que ofreceré [...] es mi carne».

JUAN 6:49-51 NTV

Si nunca has leído todo el capítulo 6 del Evangelio de Juan, te animo a que le eches un vistazo. Después de alimentar a cinco mil personas, Jesús tiene una conversación bastante extraña con algunos judíos de la multitud. Estas personas, que acababan de ver esta señal asombrosa, le pidieron a Jesús una señal –*¿qué?*– y luego parecen alardear del milagro que Dios realizó al proveer maná a sus antepasados en el desierto. La situación era un tanto rara. Jesús quiere que escuchen que Él les está dando algo más que calorías y carbohidratos: les está ofreciendo *vida eterna*.

Dios, confieso que soy como esas personas a las que Jesús alimentó. Entiendo el pan terrenal que me mantiene viva hoy, pero me cuesta más entender la buena noticia de la vida eterna. Gracias por proporcionarnos el verdadero Pan de Vida. Amén.

SI ESTÁS CANSADA, SIGUE ESTE CAMINO

Vengan a mí todos ustedes que están cansados y agobiados; yo les daré descanso. Carguen con mi yugo y aprendan de mí, pues yo soy apacible y humilde de corazón, y encontrarán descanso para sus almas. Porque mi yugo es suave y mi carga es liviana.
MATEO 11:28-30

¿Has pensado alguna vez en a quién podría acercarse Jesús o con quién pasaría tiempo en los pasillos de tu instituto? (Si recibes tu educación en casa, igualmente has visto películas; ya sabes cómo va esto). Como Jesús tiene claro que ha venido por los enfermos, los marginados y los cansados, puedo empezar a imaginármelo. Creo que encontraría al chico que tropezó y se cayó de bruces en clase de gimnasia. Sospecho que buscaría a la chica que se siente incómoda por cómo los demás ven su cuerpo. Creo que buscaría al joven que tiene dificultades con el idioma. Y estoy segura de que Jesús buscaría a ese del que se burlan, al que acosan, al que está cansado y agobiado. Si estás cansada y agobiada, Jesús vino por ti.

Jesús, ¡te agradezco que no hayas venido solo por los sanos, los fuertes y los populares! Viniste por mí. Enséñame a compartir tu yugo y hallar descanso para mi alma. Amén.

UN PADRE QUE HACE BUENOS REGALOS

¿Quién de ustedes, si su hijo pide pan, le da una piedra? ¿O si pide un pescado, le da una serpiente? Pues si ustedes, aun siendo malos, saben dar cosas buenas a sus hijos, ¡cuánto más su Padre que está en los cielos dará cosas buenas a los que le pidan!

MATEO 7:9-11

De bebés, cuando estamos mojadas, hambrientas, cansadas o doloridas, aprendemos si hay un «otro» fiable que responderá a nuestro llanto. En el mejor de los casos, sí lo hay. Pero a veces, sobre todo a medida que nos hacemos mayores, las personas que nos cuidan no pueden satisfacer todas nuestras necesidades físicas, emocionales y espirituales, por muchas razones. Por eso es natural que creamos que Dios es como los padres poco preparados que hemos conocido. Pero Jesús, que da por sentado que los padres quieren el bien de sus hijos, continúa diciendo que Dios nos da *cosas buenas*. Si te cuesta confiar en Dios como un padre bueno, invita al Señor a que hable a tu corazón sobre ello.

Padre, sé que no hay nadie como Tú. Enseña a mi corazón que Tú eres fiable, que se puede confiar en Ti, y que te deleitas en satisfacer mis necesidades. Pongo mi confianza en Ti. Amén.

EL QUE ES UNA AYUDA SIEMPRE PRESENTE

Dios es nuestro refugio y nuestra fortaleza, nuestra segura ayuda en momentos de angustia.
Por eso, no temeremos aunque se desmorone la tierra y las montañas se hundan en el fondo del mar;
aunque rujan y se encrespen sus aguas.

SALMOS 46:1-3

Si conoces y amas a Dios, sin duda has oído que puedes confiar en Él en cualquier circunstancia, ¿verdad? En concreto, puedes confiar en Dios en las situaciones difíciles. Quizá no te cuesta creer que las cosas mejorarán después de suspender un examen. O puedes confiar en que Dios te consolará en la ruptura con tu novio. Pero el salmista plantea una dificultad que supera la mayoría de las que enfrentamos: «aunque se desmorone la tierra», no tendremos miedo. Eso es una *fe grande*, ¡¿verdad?! Dios, en su gracia, no está midiendo nuestra fe, ni los problemas que enfrentamos. Más bien, tenemos la confianza de que, nos enfrentemos a lo que nos enfrentemos –un mal examen o un desastre natural–, Dios es nuestro refugio y fortaleza.

Señor, te doy gracias porque, a lo largo de las generaciones, has demostrado que se puede confiar en Ti. Con la confianza del salmista, pongo hoy mi confianza en Ti, en el nombre de Jesús. Amén.

PECADOS PERDONADOS Y CUERPOS SANADOS

¿Qué es más fácil, decirle: "Tus pecados quedan perdonados" o decirle: "Levántate y anda"? Pues, para que sepan que el Hijo del hombre tiene autoridad en la tierra para perdonar pecados —se dirigió entonces al paralítico—: Levántate, toma tu camilla y vete a tu casa. Y el hombre se levantó y se fue a su casa. Al ver esto, la multitud se llenó de temor y glorificó a Dios por haber dado tal autoridad a los mortales.

MATEO 9:5-8

Cuando Jesús llegó a Nazaret, su ciudad natal, unos hombres le llevaron a un paralítico. Jesús reconoció la fe de estos amigos y dijo que los pecados del hombre quedaban perdonados. Tal atrevimiento ofendió a los religiosos, que creían que solo Dios puede perdonar los pecados. Jesús sabía lo que pensaban los maestros de la Ley, y demostró su autoridad diciéndole al hombre: «Levántate, toma tu camilla y vete a casa». Cuando lo vieron, la multitud se llenó de asombro y alabó a Dios.

Señor Jesús, eres asombroso. Tú perdonas y sanas nuestros cuerpos del aguijón de la muerte, la enfermedad y la discapacidad, en algunos casos lo haces al momento y en otros en el día final. Junto a esa multitud, ¡te alabo! Amén.

ÉL SOPORTÓ LO QUE NOSOTROS NO PODRÍAMOS SOPORTAR

Ciertamente él cargó con nuestras enfermedades
y soportó nuestros dolores,
pero nosotros lo consideramos herido,
golpeado por Dios y humillado.
Él fue traspasado por nuestras rebeliones
y molido por nuestras iniquidades.
Sobre él recayó el castigo, precio de nuestra paz
y gracias a sus heridas fuimos sanados.
ISAÍAS 53:4-5

De joven tuve la oportunidad de enfrentarme a algunos de los golpes y heridas que había sufrido durante la infancia. Y cuando ofrecí esas heridas a Dios, Él me aseguró que me amaba. Pero me costaba recibir el amor y la sanidad que Dios me ofrecía. Sin embargo, en ese momento, vi, con los ojos de mi corazón, una imagen de Jesús colgado en la cruz. Y aunque había sido cristiana durante años, de repente «lo entendí» de una manera nueva por primera vez. Me di cuenta de que *Él me amó tanto que dio su vida por la mía*. Guardé eso en mi corazón, Dios fue fiel para sanar las heridas de mi pasado.

Dios, Tú eres un redentor y sanador fiel. Gracias porque has tomado sobre Ti mis pecados, y porque por tus heridas las mías son sanadas. Amén.

NO PIERDAS DE VISTA EL PREMIO

A Ti levanto mis ojos,
¡Oh Tú que reinas en los cielos!
Como los ojos de los siervos miran a la mano de su señor,
Como los ojos de la sierva a la mano de su señora,
Así nuestros ojos miran al SEÑOR nuestro Dios
Hasta que se apiade de nosotros.
SALMOS 123:1-2 NBLA

Durante el movimiento por los derechos civiles en Estados Unidos en las décadas de 1950 y 1960, los protagonistas de la lucha cantaban canciones *gospel* y otros cánticos de libertad para darse ánimos. La letra de uno exhorta: «Mantén la vista en el premio y aguanta, aguanta». Me recuerda el salmo 123. El salmista recuerda al adorador que los ojos de los siervos están fijos en sus señores. Los ojos de una criada están fijos en la mano de su señora. Y los ojos de los que confían en el Señor están fijos en Él. Hoy tienes la invitación de mantener los ojos puestos en Dios, que tiene misericordia de ti.

Señor, pongo mis ojos en Ti. Dame lo necesario para ignorar las muchas interferencias que me distraerían de permanecer centrado en Ti. Hoy, mis ojos están fijos en Ti. Amén.

SI HACES LO QUE ES RECTO...

Y Dios les dijo: «Si escuchas atentamente la voz del SEÑOR *tu Dios, y haces lo que es recto ante Sus ojos, y escuchas Sus mandamientos, y guardas todos Sus estatutos, no te enviaré ninguna de las enfermedades que envié sobre los egipcios. Porque Yo, el* SEÑOR*, soy tu sanador».*

ÉXODO 15:26 NBLA

Cuando el pueblo de Dios estaba esclavizado en Egipto, el Señor envió a Moisés para que fuera su libertador. Parte del plan de rescate de Dios consistió en una serie de plagas que afectaron a los egipcios. El gran final, sin embargo, fue la división del mar Rojo. Cuando Moisés extendió su mano sobre el mar, las aguas se separaron y el pueblo hebreo pasó en seco. Pero cuando los soldados del faraón los siguieron, las aguas arrastraron a sus perseguidores al mar. A salvo en el otro lado, Dios instruyó a su pueblo para que continuara escuchando su voz y obedeciéndole, para que pudieran prosperar. La Palabra de Dios nos recuerda que a veces participamos con Dios en nuestra propia redención y sanidad.

Señor, Tú eres un poderoso libertador. Y también te oigo invitándome a prestar atención a tu Palabra y a andar por tus caminos. ¡Así que me comprometo a formar sociedad contigo! Amén.

DIOS NOS HIZO VALIENTES

Porque no nos ha dado Dios espíritu de cobardía,
sino de poder, de amor y de dominio propio.
2 TIMOTEO 1:7 NBLA

Una de las palabras que se usan para describir a los cristianos y que hace que algunas escondamos la cabeza es *agradables*. Técnicamente, supongo que hay palabras peores. Lo entiendo. Pero huele a soso, insípido y débil. En una de las cartas de Pablo al joven Timoteo, le recuerda que no está hecho para ser «agradable». En cambio, Dios da a los creyentes un espíritu de poder, amor y autocontrol. Eso significa que ante el conflicto, el odio, el caos y la confusión, los creyentes reciben de Dios un espíritu de poder.

Dios, ¡creo que me hiciste para ser valiente! Lléname de tu Espíritu para que pueda vivir una vida de amor, poder y dominio propio que te honre. Amén.

LO QUE HICISTE POR ELLOS, LO HICISTE POR MÍ

Y le contestarán los justos: «Señor, ¿cuándo te vimos hambriento y te alimentamos o sediento y te dimos de beber? ¿Cuándo te vimos como forastero y te dimos alojamiento o necesitado de ropa y te vestimos? ¿Cuándo te vimos enfermo o en la cárcel y te visitamos?». El Rey les responderá: «Les aseguro que todo lo que hicieron por uno de mis hermanos, aun por el más pequeño, lo hicieron por mí».

MATEO 25:37-40

¿Alguna vez te has parado en una farola junto a alguien que tiene un cartel pidiendo dinero? Los cristianos responden de muy diversas maneras a las personas necesitadas. Uno puede compartir comida. Otro podría ofrecer dinero. Y otro podría entablar una conversación. Otro, pasar de largo. En una historia que Jesús contó, dijo que la forma en que tratamos a estas personas —el hambriento, el sediento, el forastero, el desnudo, el enfermo, el preso— es la forma en que lo tratamos a Él. La próxima vez que tengas la oportunidad, ora y pregúntale a Dios cómo debes tratar a Jesús.

Señor, abre mis ojos para ver tu rostro en los rostros de los necesitados. Y enséñame a ser tu sierva fiel que atiende las necesidades de los vulnerables. Amén.

VENGAN, POSTRÉMONOS

¡Vengan, postrémonos reverentes!
Doblemos la rodilla ante el SEÑOR nuestro Hacedor!
Porque él es nuestro Dios
y nosotros somos el pueblo de su prado;
somos un rebaño bajo su cuidado.
SALMOS 95:6-7

¿Te has dado cuenta de que nuestro cuerpo puede ser un reflejo de lo que llevamos dentro? Si estamos cantando una alabanza el domingo por la mañana, puede que tengamos los brazos extendidos al cielo. Si estamos desanimadas, puede que tengamos los hombros caídos y la mirada baja. Si nos sentimos muy orgullosas, puede que nos pongamos un poco más erguidas y levantemos la cabeza. Y cuando nos presentamos ante el Señor, el salmista nos invita a postrarnos. Aunque no siempre *tenemos* que arrodillarnos al orar, es una forma de mostrar nuestra humildad en presencia de un Dios todopoderoso. Nuestra postura muestra que estamos dispuestas a someternos a la voluntad de Dios.

¡Dios, Tú eres mi Hacedor y mi Dios! Te alabo. Y me humillo ante Ti como señal de que Tú eres Dios, no yo. Glorifícate a través de mi vida hoy. Amén.

TÚ ESTÁS EN MÍ Y YO ESTOY EN TI

En aquel día ustedes se darán cuenta de que yo estoy en mi Padre, ustedes en mí y yo en ustedes. ¿Quién es el que me ama? El que hace suyos mis mandamientos y los obedece. Y al que me ama, mi Padre lo amará; y yo también lo amaré y me manifestaré a él.

JUAN 14:20-21

¿Has visto alguna vez esas muñequitas rusas? Son como huevos de madera huecos, tallados y pintados con colores brillantes y hermosos. Si abres la muñeca más grande, dentro habrá otra más pequeña. Y si abres esa, encontrarás una más pequeña aún. Cada muñeca habita *dentro* de otra. Cuando Jesús está terminando su ministerio terrenal, enseña a sus discípulos cómo vivir en su ausencia. La situación que Él describe es que Él está en su Padre, y nosotros estamos en Él. Si abres la muñeca una vez más, ¡descubrimos que Jesús también está *en nosotros*! Jesús nos da esta bella imagen no solo de estar dentro del corazón del Padre y del Hijo, sino también llenos de Jesús de adentro hacia afuera.

Jesús, gracias por la seguridad de habitar en Ti y saber que Tú habitas en mí. Gracias a tu promesa, nunca estoy sola. Amén.

REAL SACERDOCIO

Pero ustedes son descendencia escogida, sacerdocio regio, nación santa, pueblo que pertenece a Dios, para que proclamen las obras maravillosas de aquel que los llamó de las tinieblas a su luz admirable. Ustedes antes ni siquiera eran pueblo, pero ahora son pueblo de Dios; antes no habían recibido misericordia, pero ahora ya la han recibido.

1 PEDRO 2:9-10

Si no sabes mucho de historia de la Iglesia, quizá no sepas que hasta el siglo dieciséis solo había una Iglesia. De hecho la palabra *católica*, que viene de una palabra griega, significa «universal». Pero durante ese periodo algunos cristianos estaban molestos por los abusos que se producían en la Iglesia, que ponía barreras al acceso de los laicos a Jesús. En esta breve epístola del Nuevo Testamento, leemos que Pedro llama a los primeros cristianos «sacerdocio regio». En esencia, esto significa que toda persona que ha sido salvada por Jesús tiene acceso a Dios y está llamada a ser un ministro de la gracia de Dios para los demás. Eso te incluye a ti.

Dios, te doy gracias por elegirme, salvarme y hacerme tuya. ¡Enséñame a proclamar tus alabanzas! Amén.

LA SABIDURÍA ESTÁ EN LOS LABIOS DE LOS SABIOS

En los labios del prudente hay sabiduría;
en la espalda del falto de juicio, solo garrotazos.
El que es sabio atesora el conocimiento,
pero la boca del necio es un peligro inminente.

PROVERBIOS 10:13-14

A lo largo de Proverbios y otros escritos sapienciales del Antiguo Testamento, la Biblia ensalza la virtud de la sabiduría sobre la necedad. En muchos de los ejemplos que leemos en las Escrituras, el carácter de una persona se revela por su lengua. Los necios hacen daño con sus palabras; los sabios pronuncian verdad vivificante. ¿Qué sale cuando tú hablas? ¿Palabras que traen muerte o que traen vida? Si el filtro entre tu cerebro y tu boca no es eficaz, es decir, si sueltas palabras irreflexivas o de enojo, pídele a Dios que te ayude a controlar tu lengua. Es una oración que a Dios le encanta responder.

Señor, confieso que a veces pierdo el control de mi boca. Perdóname. Enséñame hoy a honrarte cada vez que abra la boca. Amén.

DE AHORA EN ADELANTE...

Es que él y todos sus compañeros estaban asombrados ante la pesca que habían hecho, como también lo estaban Santiago y Juan, hijos de Zebedeo, que eran socios de Simón.
—No temas, desde ahora serás pescador de hombres —dijo Jesús a Simón.
Así que llevaron las barcas a tierra y, dejándolo todo, lo siguieron.

LUCAS 5:9-11

Los primeros discípulos que Jesús llamó fueron dos parejas de hermanos que conoció en el lago. Los cuatro eran pescadores. Después de un día infructuoso recogiendo redes vacías, Jesús les mostró dónde echar las redes, ¡y recogieron una gran pesca! Asombrados, quedaron cautivados por la persona de Jesús. Y cuando les llamó a echar las redes en busca de *personas* en lugar de peces, su respuesta fue radical. Dejaron atrás el negocio familiar y le siguieron. El llamado de Jesús cambia radicalmente la vida de quienes responden a su voz.

Jesús, creo que al igual que llamaste a cuatro pescadores, también me estás llamando a mí a seguirte de manera radical. Abre mis oídos para escuchar tu voz, y dame valor para responder con obediencia. Amén.

CREO

Jesús le dijo: –¿Cómo que «si puedes»? ¡Todo es posible para el que cree! [...]. Entonces el padre del muchacho gritó: –Yo creo. ¡Ayúdame a creer más!

MARCOS 9:23-24 DHH

Cuando Jesús hablaba a la multitud, se le acercó un padre pidiéndole ayuda para su hijo. El niño estaba poseído por un demonio y era arrojado violentamente al suelo. Los discípulos de Jesús no habían podido sanar al niño, pero este papá todavía tenía la esperanza de que *quizás* Jesús pudiera sanarlo, y preguntó «si» Él podía hacer algo. Cuando Jesús le preguntó si tenía fe, el padre gritó: «Yo creo. ¡Ayúdame a creer más!». ¿No es una hermosa manera de hablar de cómo creemos en Dios con nuestra limitada capacidad humana? Otras traducciones dicen: «Creo; ayuda mi incredulidad». El grito del padre es una hermosa oración que podemos ofrecer a Dios.

Dios mío, creo; ayuda mi incredulidad. Creo que Tú puedes hacer todas las cosas, y pongo mi confianza en Ti. Eres un poderoso sanador y redentor. Amén.

SINTIÓ EN SU CUERPO QUE ESTABA SANADA

Inmediatamente la mujer dejó de sangrar, y supo que ya estaba sana [...]. Jesús se dio cuenta de que había salido poder de él. Entonces miró a la gente y preguntó:
—¿Quién me tocó la ropa?

MARCOS 5:29-30 TLA

En el Evangelio de Marcos se narra la inusual conversación de Jesús con una mujer que llevaba doce años con hemorragia. (¿Te imaginas tener el periodo durante doce días, por no hablar de doce años?). Había ido a varios médicos en busca de ayuda, pero solo le habían quitado el dinero y la habían dejado peor que antes. Como tenía hemorragia, sabía que no debía tocar a Jesús, pero algo en su interior le decía que lo hiciera. Cuando lo hizo, ocurrieron dos cosas: Jesús sintió que salía poder de su cuerpo, y ella sintió que el suyo experimentaba la sanidad. Su historia es un recordatorio de que no hay *nada* que no podamos llevar a Jesús.

Jesús, te doy gracias porque eres un poderoso sanador. Y te agradezco que puedo traerte cualquier cosa que esté enfrentando, sabiendo que Tú obras milagros. Amén.

EL QUE TARDA EN ENOJARSE

Pero tú eres Dios de perdón, bondadoso y misericordioso, lento para enojarte y rico en amor inagotable. No los abandonaste.

NEHEMÍAS 9:17 NTV

¿Alguna vez has sentido que siempre le estás pidiendo a Dios que te perdone los mismos pecados de siempre? Cuando haces una pausa para confesarte ante Dios, ¿te parece que repites las mismas palabras? Si es así, no eres la única. Cuando empezamos a traer los mismos viejos pecados a Dios, el enemigo puede empezar a susurrar mentiras en nuestros oídos: «No eres realmente salva. No estás realmente perdonada. No eres realmente amada». Pero las Escrituras pintan un cuadro de un Dios que es totalmente clemente y misericordioso. Adoramos a un Dios que no solo es tardo para la ira, sino que le encanta perdonar. Querida, no ignores que Dios es rico en amor inagotable y recibe cada una de tus oraciones.

Dios, te doy gracias porque el perdón no depende de mí, sino de Ti. Eres clemente, misericordioso, perdonador y rico en amor inagotable. ¡Te alabo! Amén.

POR QUÉ SE RIO SARA

Entonces el SEÑOR le dijo a Abraham:
—¿Por qué se rio Sara y dijo: «¿Acaso puede una mujer vieja como yo tener un bebé?»? ¿Existe algo demasiado difícil para el SEÑOR? Regresaré dentro de un año, y Sara tendrá un hijo.

GÉNESIS 18:13-14 NTV

¿Sabías que Sara, la mujer de Abraham, concibió un hijo cuando tenía noventa años? Eso sencillamente *no* ocurre. Aunque la menopausia se desarrolla de forma diferente en cada mujer, el cuerpo de la mayoría deja de producir óvulos poco después de cumplir los cincuenta. Así que estamos hablando de alguien que da a luz ¡con la edad de tu abuela o bisabuela! ¿Y sabes cuál fue la reacción de Sara cuando el Señor le anunció que esto iba a suceder? ¡Se rio! Y preguntó, probablemente intentando recuperar el aliento: «¿Acaso puede una mujer vieja como yo tener un bebé?». Pero la Biblia nos asegura que nada es demasiado difícil para el Señor. Aunque seguro que quedarte embarazada no está en tu lista, ¿qué es lo más improbable que le pides a Dios que haga por ti?

Dios, así como Tú conocías el corazón de Sara, también conoces las esperanzas y los sueños que guardo en mi corazón. Presento ante Ti las posibilidades más inverosímiles, con fe en que Tú lo puedes todo. Amén.

MIS PENSAMIENTOS NO SON TUS PENSAMIENTOS...

«Porque Mis pensamientos no son los pensamientos de ustedes,
Ni sus caminos son Mis caminos», declara el SEÑOR.
«Porque como los cielos son más altos que la tierra,
Así Mis caminos son más altos que sus caminos,
Y Mis pensamientos más que sus pensamientos».

ISAÍAS 55:8-9 NBLA

¿Has pensado alguna vez cómo manejarías las cosas si estuvieras al mando del mundo? A veces es tentador creer que, si tuviéramos la oportunidad, podríamos gestionar las cosas un poco mejor que el que está al mando ahora mismo. Pero lo cierto es que cuando observamos las situaciones, solo las vemos con nuestra limitada imaginación humana. No podemos ver lo que Dios ve, oír lo que Dios oye o pensar lo que Dios piensa. Por eso, a veces nos quedamos rascándonos la cabeza. Pero Isaías nos recuerda que, como los caminos de Dios son más elevados que los nuestros, podemos confiar incluso en lo que no podemos entender.

Señor, confieso que tus pensamientos son más altos que mis pensamientos y tus caminos más altos que mis caminos. Enséñame a confiar en ti más profundamente. Amén.

NUNCA SEGUIRÁN A UN EXTRAÑO

Cuando ya ha sacado a todas las que son suyas, va delante de ellas y las ovejas lo siguen porque reconocen su voz. Pero jamás seguirán a un desconocido; más bien, huirán de él porque no reconocen la voz del extraño.

JUAN 10:4-5

Los investigadores han descubierto recientemente que, aunque un niño pequeño tarda más de cinco minutos en despertarse ante el sonido de un detector de humos, ¡se despierta en solo cuatro segundos cuando oye la voz de su madre! Así que ahora los padres que compren detectores de humo inteligentes pueden programar un mensaje de voz que llame al niño por su nombre y le diga que se levante de la cama y salga del cuarto. A esa familiaridad natural de los niños con una voz en la que confían es a lo que Jesús se refiere cuando dice que las ovejas siguen la voz del pastor y huyen de la voz de un extraño. ¿De qué manera escuchas y distingues la voz del buen Pastor?

Jesús, te doy gracias porque te has dado a conocer como el buen Pastor. Ayúdame a mantenerme atenta al sonido de tu voz y a seguirte. Amén.

PORQUE TE AMO

Yo soy el Señor tu Dios, el Santo de Israel, tu Salvador; yo he entregado a Egipto como precio por tu rescate, a Cus y a Seba en tu lugar. Porque eres precioso a mis ojos y digno de honra, yo te amo. A cambio de ti entregaré pueblos; a cambio de tu vida entregaré naciones. No temas, porque yo estoy contigo; desde el oriente traeré a tu descendencia, desde el occidente te reuniré.

ISAÍAS 43:3-5

¿Sabes cómo se te enardece el corazón cuando tu padre o tu madre te dice que te ama? Como fuimos creadas para dar y recibir amor, estamos predispuestas a mantener relaciones de afecto. En la época en que vivió Isaías, el pueblo de Dios había sido dispersado en el exilio, y Dios lo reconforta con la seguridad de su amor. Dios promete hacer lo que sea para salvarlos, diciendo: «Porque eres precioso a mis ojos y digno de honra, yo te amo». Escucha esta semana la voz de Dios que te confirma su amor por ti.

Señor, gracias por la seguridad que tu Palabra me da de que estás con nosotras y por nosotras. Abre los oídos de mi corazón para que pueda escuchar tus palabras de amor. Amén.

UN MEDIADOR QUE LO CONSIGUE

Por lo tanto, ya que en Jesús, el Hijo de Dios, tenemos un gran sumo sacerdote que ha atravesado los cielos, aferrémonos a la fe que profesamos. Porque no tenemos un sumo sacerdote incapaz de compadecerse de nuestras debilidades, sino uno que ha sido tentado en todo de la misma manera que nosotros, aunque sin pecado.

HEBREOS 4:14-15

Imaginemos que un hombre que fue encarcelado injustamente es puesto en libertad y decide estudiar y ejercer la abogacía. Si tú fueras encarcelada injustamente, ¿no querrías que este abogado te representara? Querrías que te representara porque entendería lo que estás viviendo. La Palabra de Dios nos asegura que nuestro Abogado es capaz de empatizar con nuestras debilidades. Puesto que Jesús, que ahora está en el cielo, caminó por la tierra en un cuerpo humano como el nuestro, comprende hasta lo más íntimo nuestras tentaciones. Puesto que Él también fue tentado, es nuestro fiel mediador.

Jesús, ¡te agradezco que sepas exactamente lo que implica ser humano! Cuando presentas mi caso ante el Padre, comprendes mis tentaciones. Te alabo por ser mi sacerdote fiel. Amén.

PIENSA EN LO QUE ES BUENO

Por último, hermanos, consideren bien todo lo verdadero, todo lo respetable, todo lo justo, todo lo puro, todo lo amable, todo lo digno de admiración, en fin, todo lo que sea excelente o merezca elogio. Pongan en práctica lo que de mí han aprendido, recibido y oído, además de lo que han visto en mí y el Dios de paz estará con ustedes.

FILIPENSES 4:8-9

¿Dirías que lo que hay en nuestra mente puede ser pecado, o lo es solo lo que hacemos? La Palabra de Dios nos recuerda que lo que pensamos, lo que vertemos en nuestro cerebro, importa. Eso incluye las películas que vemos, las letras de las canciones que escuchamos, los libros que leemos e incluso las amigas con las que salimos. Porque esos pensamientos determinan nuestra conducta. Nos dan *forma*. Por eso Pablo recuerda a sus hermanos y hermanas de la iglesia de Filipos que elijan pensar en lo que es excelente o digno de alabanza. ¿Dios te está llamando a ajustar tu forma de pensar en algún aspecto?

Señor, Tú conoces cada pensamiento mío antes de que lo tenga. Anhelo agradarte, así que ayúdame a reconocer y desterrar los pensamientos que no te glorifican, y a elegir pensar en lo que es verdadero, respetable, justo, puro, amable, digno de admiración, excelente y digno de elogio. Amén.

HIJOS, OBEDEZCAN A SUS PADRES

Hijos, obedezcan en el Señor a sus padres, porque esto es justo. «Honra a tu padre y a tu madre» —que es el primer mandamiento con promesa— «para que te vaya bien y disfrutes de una larga vida en la tierra». Y ustedes, padres, no hagan enojar a sus hijos, sino críenlos según la disciplina e instrucción del Señor.

EFESIOS 6:1-4

Cuando nuestros padres nos llevan a casa de nuestras amigas, nos compran la ropa que queremos, nos animan a invitar a amigas a cenar y nos dicen que nos aman, no cuesta mucho obedecerles. Pero ¿qué pasa cuando no están en su mejor momento? ¿Debemos obedecerles entonces? Uno de los Diez Mandamientos dice que sí. Aunque no estemos de acuerdo con una decisión de nuestros padres, debemos honrarlos. ¿Cuándo te resulta más difícil honrar a tus padres? ¿Cómo te ayuda Dios en esos momentos?

Señor, gracias porque me has colocado en una familia, ¡aunque sea imperfecta! Ayúdame a respetar y honrar a mis padres de una manera que te glorifique. Amén.

LA MANERA DE ORAR

Cuando oren, no sean como los hipócritas, porque a ellos les encanta orar de pie en las sinagogas y en las esquinas de las plazas para que la gente los vea. Les aseguro que ya han obtenido toda su recompensa. Pero tú, cuando te pongas a orar, entra en tu cuarto, cierra la puerta y ora a tu Padre, que está en lo secreto. Así tu Padre, que ve lo que se hace en secreto, te recompensará.

MATEO 6:5-6

Cuando Jesús enseñó a sus discípulos a orar, ¡puso a los religiosos de su comunidad como *contraejemplo*! Esas personas oraban de una manera que desagradaba a Dios, montando un gran espectáculo público donde pudieran ser vistos y oídos. Usaban muchas palabras, ¡como si la abundancia de palabras pudiera persuadir al Todopoderoso! Jesús recomendó justo lo contrario a los que quieren ser recompensados por Dios: ¡busca un lugar donde nadie pueda verte y optimiza el uso de tus palabras! ¿Hay algún «lugar secreto» en tu casa donde puedas hablar en privado con Dios?

Dios, te doy gracias por la seguridad que Jesús me da de que Tú ves lo que se hace en secreto. Gracias porque eres fiel para venir a mi encuentro en el lugar secreto. Amén.

DIOS NUNCA OLVIDA

Sin embargo, yo sí me acordaré del pacto que hice contigo en los días de tu adolescencia, y estableceré contigo un pacto eterno.

EZEQUIEL 16:60

Ezequiel relata una convincente historia en la que Dios pasa junto a una recién nacida abandonada, que se remueve en su propia sangre. Dios ve su necesidad, la baña y la viste, la adorna con las joyas más finas y establece un pacto con ella. Cuando se hace mayor y se convierte en reina, se corre la voz de su belleza por todas las naciones. Pero entonces ella es infiel a su novio. Aunque la amada de Dios rompe el pacto, Dios mantiene su fidelidad. Esta es también nuestra historia: Dios nos salvó; nosotras seguimos pecando; Dios permaneció, y permanece, fiel. ¡Esta es nuestra historia cada día! Y cada día Dios recuerda el pacto que hizo con nosotros y permanece fiel.

Señor, gracias porque el tuyo es un pacto eterno. A pesar de mi pecado, Tú cumples tu palabra. Y gracias porque, haga lo que haga, Tú permaneces fiel. Amén.

TESOROS EN VASIJAS DE BARRO

Pero tenemos este tesoro en vasijas de barro para que se vea que tan sublime poder viene de Dios y no de nosotros. Nos vemos atribulados en todo, pero no abatidos; perplejos, pero no desesperados; perseguidos, pero no abandonados; derribados, pero no destruidos.

2 CORINTIOS 4:7-9

Si yo le regalara un tesoro a alguien, estoy segura de que sé cómo lo haría. Empezaría por contratar un camión blindado con guardias grandes y fuertes. Ellos entregarían mi tesoro en casa del destinatario o en su empresa, donde quedaría guardado en una caja fuerte. Pero esto no es en absoluto lo que Dios ha hecho con su tesoro: el evangelio que da vida al mundo. Él nos lo ha confiado a nosotros, a quienes llama «vasijas de barro». ¿No es una locura? Dios derrama su incomparable poder en vasijas agrietadas como nosotras. Como resultado, Dios recibe la gloria como fuente del tesoro, y no nosotras.

Padre, realmente no entiendo que elijas usar un vaso frágil como yo, pero gracias por derramar tu gracia, tu vida y tu poder en mí. Enséñame a ser una administradora fiel. Amén.

POR ESO ME ARRODILLO ANTE EL PADRE

Por esta razón me arrodillo delante del Padre, de quien recibe nombre toda familia en el cielo y en la tierra. Le pido que, por medio del Espíritu y con el poder que procede de sus gloriosas riquezas, los fortalezca a ustedes en lo íntimo de su ser, para que por fe Cristo habite en sus corazones. Y pido que, arraigados y cimentados en amor, puedan comprender, junto con todos los creyentes, cuán ancho y largo, alto y profundo es el amor de Cristo. En fin, que conozcan ese amor que sobrepasa nuestro conocimiento, para que sean llenos de la plenitud de Dios.

EFESIOS 3:14-19

¿Alguien de tu familia te enseñó a orar? Tal vez tu madre repetía una oración contigo a la hora de dormir. O quizá tu abuela te hacía arrodillarte junto a tu cama, juntar las manos e inclinar la cabeza mientras ella oraba. Al escuchar la oración de Pablo por los creyentes de Éfeso, vemos que su corazón desea que los seguidores de Jesús comprendan las colosales proporciones de su amor por ellos. ¿No es una hermosa oración? Di hoy esa oración por alguien a quien amas.

Padre, llena a los que amo con la percepción de tu gran, enorme, amor por ellos. Amén.

REVÍSTANSE DE ESTO

Por lo tanto, como pueblo escogido de Dios, santo y amado, revístanse de afecto entrañable y de bondad, humildad, amabilidad y paciencia, de modo que se toleren unos a otros y se perdonen si alguno tiene queja contra otro. Así como el Señor los perdonó, perdonen también ustedes. Por encima de todo, vístanse de amor, que es el vínculo perfecto.

COLOSENSES 3:12-14

¿Eres de las que preparan la ropa para ir a clase la noche anterior o corres por la mañana a agarrar lo que esté limpio? Sea cual sea tu estilo de vida, el atuendo que lleves —abrigado y cómodo en un día frío o ligero y fresco en uno cálido— te prepara para el día. A eso se refiere Pablo cuando dice a los colosenses cómo deben vestirse. No, no está sugiriendo pantalones cortos o *jeans*. Está enseñando a los creyentes a vestirse con una vestimenta santa: compasión, bondad, humildad, mansedumbre y paciencia. También aconseja practicar el perdón y, como prenda exterior, ponerse amor por encima de todo.

Señor, puedo ver que vestirme con lo que Tú me proporcionas me equipa para vivir bien. Hoy elijo la compasión, la bondad, la humildad, la dulzura, la paciencia, el perdón y el amor. Amén.

NO TE ABANDONARÉ

Además, yo estoy contigo y te protegeré dondequiera que vayas. Llegará el día en que te traeré de regreso a esta tierra. No te dejaré hasta que haya terminado de darte todo lo que te he prometido». Entonces Jacob se despertó del sueño y dijo: «¡Ciertamente el Señor está en este lugar, y yo ni me di cuenta!».

GÉNESIS 28:15-16 NTV

Después de hacer un alto para dormir en medio de un viaje, Dios le dio a Jacob un sueño sagrado. En él, vio ángeles que subían y bajaban por una escalera entre la tierra y el cielo. Tras presentarse como el Dios de su abuelo y de su padre, el Señor prometió darles el lugar donde dormía a Jacob y a sus descendientes, y le aseguró que toda la tierra sería bendecida por ellos. Para terminar, Dios le aseguró a Jacob que estaría con él hasta que eso se cumpliera. Durante el resto de su vida, Jacob pudo contar con esa promesa. ¿Hay alguna promesa de Dios que hayas recibido, a través de las Escrituras o de la oración, para la que estés confiando en Dios?

Señor, aunque no siempre puedo discernir los giros y vueltas de mi caminar contigo, confío en tu Palabra y en tus promesas. Hoy, creo que Tú harás lo que has dicho que harás. Amén.

ASÍ ES COMO DIOS MOSTRÓ SU AMOR

Así manifestó Dios su amor entre nosotros: en que envió a su Hijo único al mundo para que vivamos por medio de él.

1 JUAN 4:9

Apuesto a que hay días en los que el amor de Dios por ti parece tan cercano y real como tu propia piel. Pero otros días, el amor de Dios cuesta más *sentirlo*. Puede que aún lo creas en tu cabeza, e incluso en tu corazón, pero es más difícil sentirlo en tus huesos. ¿Has tenido días así? Cuando los tengas, vuelve a esta hermosa seguridad de 1 Juan 4. Nos asegura que podemos estar seguras del amor de Dios en lo más profundo porque Él envió a su Hijo Jesús al mundo por nosotros. Aunque algunas lo demos por sentado, es un regalo inmenso. Jesús primero renunció a sus privilegios celestiales y luego renunció a su vida en la tierra por su gran amor por ti.

Padre, confieso que no siempre siento la realidad de tu amor. Pero en la vida de Jesús tengo pruebas de tu gran amor por mí. Gracias por ese regalo. Amén.

NO TE ENGAÑES

No se contenten solo con oír la palabra, pues así se engañan ustedes mismos. Llévenla a la práctica. El que escucha la palabra, pero no la pone en práctica, es como el que se mira el rostro en un espejo y después de mirarse, se va y se olvida enseguida de cómo es. Pero quien se fija atentamente en la ley perfecta que da libertad y persevera en ella, no olvidando lo que ha oído, sino haciéndolo, recibirá bendición al practicarla.

SANTIAGO 1:22-25

Sabías que ser una cristiana que camina con Dios y escucha su Palabra conlleva *riesgos*? Uno de esos riesgos, del que no siempre hablamos, es el de escuchar la Palabra de Dios y no *hacerla*. Está bien, puede que no parezca tan peligroso como enfrentarse a un oso pardo, ¡pero es el equivalente espiritual de enfrentarse a un oso! Nuestros corazones se ponen en riesgo cuando recibimos la Palabra y luego la olvidamos, de modo que no respondemos en obediencia a lo que hemos aprendido. Hoy, proponte poner en práctica lo que Dios te ha mostrado.

Señor, envía a tu Espíritu para mover a la acción a mi corazón, mi mente y mi cuerpo. Dame lo necesario para ser una persona que actúa conforme a lo que descubre en tu Palabra. Amén.

EL AMOR INAGOTABLE DEL SEÑOR TE ENVUELVE

Muchos son los sufrimientos de los malvados,
pero el gran amor del SEÑOR
envuelve a los que en él confían.
¡Alégrense, ustedes los justos;
regocíjense en el SEÑOR*!*
¡Canten todos ustedes,
los de corazón sincero!
SALMOS 32:10-11

En el salmo 32, el escritor menciona la *bondad* de estar rodeado por el amor inagotable de Dios. Así que quiero que le pidas a Dios que te muestre cómo tú estás rodeada de su amor inagotable por ti. Tal vez Dios te dé una visión de tus primeros días, en el vientre de tu madre, rodeada de su amor por ti. O tal vez te veas acurrucada en tu mantita favorita cuando eras pequeña. O quizá imagines acompañada en la mesa familiar, en Acción de Gracias o Navidad, rodeada de amor. O tal vez imagines a todos tus amigos rodeándote con su amor. Son solo imágenes que simbolizan un amor que no falla. Querida, debes saber que en todo momento estás rodeada por el inagotable amor de Dios por ti.

Dios, gracias por un amor que no falla. Hoy creo en la promesa que me da tu Palabra: que tu inagotable amor me abraza. Amén.

SALVADA DE LA TORMENTA

Luego subió a la barca y sus discípulos lo siguieron. De repente, se levantó en el lago una tormenta tan fuerte que las olas inundaban la barca. Pero Jesús estaba dormido. Los discípulos fueron a despertarlo.

—¡Señor —gritaron—, sálvanos, que nos vamos a ahogar!

—Hombres de poca fe —contestó—, ¿por qué tienen tanto miedo?

Entonces se levantó, reprendió a los vientos y a las olas, y todo quedó completamente tranquilo.

MATEO 8:23-26

En el siglo primero, y aún hoy, quienes se ganan la vida al aire libre y dependen del mar como medio de transporte son vulnerables a los elementos. Cuando los amigos de Jesús estaban en una barca con Él y se levantó una tormenta, se sintieron más que vulnerables. ¡Estaban aterrorizados! De hecho, estos experimentados marineros creían que iban a morir. Pero cuando acudieron a Jesús en busca de ayuda, Él calmó la tormenta. Puede que no te enfrentes a rayos, vientos y olas, pero sospecho que hay estallidos en tu vida que te asustan. No ignores que puedes confiárselos a Aquel que te ama.

Jesús, te confío mi vida. En concreto, te ofrezco las partes de mi vida que me asustan. Las que están fuera de mi control. Tú eres el Señor de todo. Amén.

NO TE DECEPCIONARÁ

Me buscarán y me encontrarán, porque me buscarán de todo corazón. Sí, yo dejaré que ustedes me encuentren, y haré que cambie su suerte [...], haré que vuelvan a este lugar de donde los desterré.

JEREMÍAS 29:13-14 DHH

A veces, los encargos que Dios nos hace son estupendos: compartir buenas noticias con alguien, visitar a un vecino anciano o invertir en la vida de un niño. Pero otras tareas son más difíciles. Así fue en el caso de Jeremías. Enviado por Dios para hablarle a un pueblo exiliado, Jeremías escribió y envió una carta a los que sufrían en el exilio, donde les daba la palabra de Dios. En medio de circunstancias terriblemente difíciles, Dios les promete a desesperados que se hará presente. «Haré que cambie su suerte», les asegura Dios. «Haré que vuelvan a este lugar de donde los desterré». ¿Puedes oír hoy a Dios hablar a tu corazón con estas palabras de esperanza?

Señor, Tú conoces las partes de mi vida en las que estoy desanimada, donde me cuesta ver lo que estás haciendo. Pero como creo que Tú eres un Dios que nunca me abandona ni me desampara, ¡mis ojos están abiertos para ver tu rostro! Amén.

NUNCA TE NEGARÉ MI AMOR

Sin embargo, no le negaré mi amor, como se lo negué a Saúl, a quien abandoné para abrirte paso. Tu casa y tu reino durarán para siempre delante de mí; tu trono quedará establecido para siempre.

2 SAMUEL 7:15-16

Antes de que David reinara sobre Israel, el rey había sido un hombre llamado Saúl. Pero Dios no estaba contento con Saúl. Saúl murió arrojándose sobre su propia espada para evitar ser capturado en la batalla, y Samuel nombró a David para sucederle. Fue muy importante que Dios llamara a David su hijo. Dios le prometió que, aunque había retirado su amor de Saúl, nunca haría lo mismo con David. Y hoy compartimos esa promesa. Gracias a Jesús, gracias a su sacrificio que nos da una relación con el Padre, tenemos la confianza de que el amor de Dios nunca nos será arrebatado.

Dios, te doy gracias porque tu amor por mí nunca falla. Como a David, me has llamado tuya. Enséñame, en este día, a honrarte en todo lo que hago. Amén.

FORTALÉCETE EN EL SEÑOR

Por último, fortalézcanse con el gran poder del Señor. Pónganse toda la armadura de Dios para que puedan hacer frente a las artimañas del diablo. Porque nuestra lucha no es contra seres humanos, sino contra poderes, contra autoridades, contra potestades que dominan este mundo de tinieblas, contra fuerzas espirituales malignas en las regiones celestiales.

EFESIOS 6:10-12

Cuando voy a patinar los sábados por la mañana, camino unos dos kilómetros hasta una pista asfaltada y luego me pongo las muñequeras, las coderas y las rodilleras. Luego me abrocho la correa del casco bajo la barbilla. Cada día, Dios nos invita a ponernos la armadura que Él nos proporciona para nuestra protección. (Tienes más información en Efesios 6:13-17). No se trata de un equipamiento que nos proteja de las torceduras de muñeca, sino de una armadura como el cinturón de la verdad y el escudo de la fe para protegernos de los ataques espirituales. Cuando la llevamos puesta a diario –quizá incluso poniéndonosla en oración al vestirnos por la mañana–, Dios nos protege.

Señor, te doy gracias porque eres mi refugio y mi poderoso defensor. Cuando me enfrento a peligros espirituales, te doy gracias por el poder de tu Espíritu Santo que me mantiene a salvo. Amén.

DIOS SE REGOCIJA POR TI CON ALEGRÍA

Pues tu Dios está contigo y con su poder te salvará.
Aunque no necesita de palabras para demostrarte que te ama,
con cantos de alegría te expresará la felicidad que le haces sentir.
SOFONÍAS 3:17 TLA

¿Nunca has cerrado los ojos y has intentado imaginarte el rostro del Padre de Jesús? De acuerdo, Dios no tiene un rostro físico, pero como una de las tres personas de la Trinidad, Dios se relaciona con nosotras, ¿no es cierto? Algunas personas ven a Dios como un policía demasiado ansioso, que siempre está intentando sorprendernos en algún fallo. Otros ven el rostro de Dios como el de un juez severo que se apresura a proclamar culpa y juicio. Pero la imagen que presenta Sofonías nos permite vislumbrar un rostro muy diferente. ¡Este pasaje nos asegura que Dios *se alegra* por nosotras con *cantos*! ¿Puedes ver ese rostro? Es un rostro que dice: «*¡Tú importas!*».

Dios, confieso que a veces creo que Tú te pareces a los rostros humanos que he conocido. Gracias por esta hermosa imagen de tu rostro lleno de gracia que se goza sobre mí con cánticos. Amén.

ESTE ES EL DÍA QUE HIZO EL SEÑOR

Este es el día que hizo el SEÑOR;
nos gozaremos y alegraremos en él.
SALMOS 118:24 NTV

¿Ha tenido alguna vez uno de esos días en los que todo sale mal? Quizá hayas perdido el pase del autobús o las llaves del auto antes de ir a clase. O tropezaste en las escaleras de camino a la clase de gimnasia. O puede que te haya venido el periodo en el *peor* instante. En esos momentos, es fácil sentirse sola y como si nadie se preocupara por ti. Pero el salmista anunció que hoy –y ayer, y también mañana– es un día que Dios ha hecho. Nada de lo que te ocurre escapa a la atención de Dios. Nada de lo que enfrentes supone una sorpresa para Dios. Eso también significa que no hay nada que Dios no te ayude a superar. Cuando te enfrentes a problemas esta semana, debes saber que Dios está contigo y por ti.

Dios fiel, Tú sabes que no me alegro precisamente de algunas cosas que enfrento. Pero creo que Tú eres el Señor de todo y mi ayudador. Hoy abro mis ojos y mis oídos para observar las maneras en que Tú estás conmigo y por mí. Amén.

PORQUE NO SABEMOS QUÉ ORAR

Además, el Espíritu Santo nos ayuda en nuestra debilidad. Por ejemplo, nosotros no sabemos qué quiere Dios que le pidamos en oración, pero el Espíritu Santo ora por nosotros con gemidos que no pueden expresarse con palabras. Y el Padre, quien conoce cada corazón, sabe lo que el Espíritu dice, porque el Espíritu intercede por nosotros, los creyentes, en armonía con la voluntad de Dios.

ROMANOS 8:26-27 NTV

A veces sabemos exactamente por qué orar, pues la voluntad de Dios está clara en las Escrituras. Otras veces, luchamos por saber cuál es la mejor manera de orar. Pienso en una madre de acogida que acudía a la corte para saber si los niños a los que amaba serían devueltos a sus familias de origen. Pero como no podía ver todo lo que Dios veía, reconoció que no sabía qué era lo mejor para los preciosos niños que tenía a su cargo. En momentos así, está bien no saber. Y tenemos la confianza de que cuando inclinamos nuestro rostro hacia Dios, el Espíritu interpreta para el Padre los gemidos de nuestro corazón.

Dios, Tú sabes lo que hay en mi corazón en este momento. Y como no sé qué debo procurar, invito a tu Espíritu a orar conmigo, y confío en que Tú escuchas y te interesas. Amén.

NO TENGAS MIEDO

No tengas miedo, porque yo estoy contigo; no te desalientes, porque yo soy tu Dios. Te daré fuerzas y te ayudaré; te sostendré con mi mano derecha victoriosa [...]. Pues yo te sostengo de tu mano derecha: yo, el Señor tu Dios. Y te digo: «No tengas miedo, aquí estoy para ayudarte.[...]. Te ayudaré».

ISAÍAS 41:10, 13-14 NTV

Hace mucho tiempo, había un cómico llamado Bob Newhart que hacía de terapeuta en televisión. Y cuando la gente acudía a él con sus temores, él les ofrecía solo dos palabras: «¡Déjalo!». Es curioso, porque así no funciona la gente, ¿verdad? Que nos digan que *dejemos* el temor no hace que tengamos menos miedo. Pero cuando Dios nos exhorta a no tener miedo, continúa diciendo: «*Porque yo estoy contigo*». Dios promete tomar de la mano al que sufre y fortalecer y ayudar al necesitado. Esta semana, escucha la voz de Dios asegurándote: «*Yo estoy contigo*».

Dios, Tú conoces los temores de mi corazón, y yo te los confío. Déjame ver tu rostro y oír tu voz, para que sepa que Tú estás conmigo. Amén.

HE VENIDO PARA QUE TENGAN VIDA

Yo soy la puerta; el que entre por esta puerta, que soy yo, será salvo. Podrá entrar y salir con libertad y hallará pastos. El ladrón no viene más que a robar, matar y destruir; yo he venido para que tengan vida y la tengan en abundancia. Yo soy el buen pastor. El buen pastor da su vida por las ovejas.

JUAN 10:9-11

Cuando Jesús estaba ayudando a las multitudes a entender quién es Él, se comparó por contraste con el que llama «el ladrón». En otros lugares de la Escritura, el ladrón es llamado Satanás, el enemigo y el engañador. Este tipo, afirma Jesús, solo viene a robar, matar y destruir. En cambio, Jesús ha venido para que las ovejas que Él ama tengan vida abundante. En el santo misterio de la fe, el buen Pastor da su propia vida para que podamos vivir. Y aunque nos cuesta entenderlo, también nosotras encontramos vida cuando amamos a los demás con este amor abnegado.

Señor, Tú sabes que, sin control, estoy configurada para servirme a mí misma. Pero mi gran deseo es que mi vida se modele conforme a Ti. Guíame en mi propósito de dar mi vida por el bien de los demás. Amén.

Y ENTONCES ENTENDÍ

Traté de entender esto, pero me resultó muy difícil.
Entonces fui al santuario de Dios, y fue allí donde entendí
cómo terminarán los malvados.
SALMOS 73:16-17 TLA

A veces nos enfrentamos a una situación en la vida que simplemente no podemos entender. Puede que nuestros padres nos digan que están pensando en divorciarse. Puede que muera alguien a quien amamos. O tal vez no entendemos por qué no recibimos las cosas buenas que hemos pedido a Dios. Con nuestro entendimiento humano, no siempre estamos preparadas para comprender los caminos de Dios. Pero gracias a Dios tenemos el privilegio de acercarnos a Él con nuestras preocupaciones. A veces, cuando lo hacemos, Dios nos da la respuesta. Y otras veces, cuando cuestionamos su proceder, les da a nuestros corazones la paz que buscamos, aunque no lo entendamos todo.

Dios, hay algunas cosas en mi vida que son
demasiado dolorosas para que las entienda.
Por eso te las traigo, buscando tu sabiduría.
Habla, Señor, que tu sierva escucha. Amén.

ERES MI AMADA

Un día en que todos acudían a Juan para que los bautizara, Jesús fue bautizado también. Y mientras oraba, se abrió el cielo y el Espíritu Santo bajó sobre él en forma de paloma. Entonces se oyó una voz que desde el cielo decía: «Tú eres mi Hijo amado; estoy muy complacido contigo».

LUCAS 3:21-22

¿Has pensado alguna vez por qué Jesús fue bautizado igual que nos bautizamos nosotras para ser limpiadas de nuestros pecados? (Es decir, Él estaba libre de pecado, ¿no? Si no está roto, no lo arregles). Este bautismo, sin embargo, era diferente de los que Juan el Bautista había estado realizando, porque Dios *afirma* que Jesús es suyo. En primer lugar, el Padre identifica a Jesús como su Hijo. Luego, proclama su amor por Él. Y, finalmente, ¡anuncia que se complace en Jesús! Aunque este hecho presentó específicamente a Jesús como el Mesías, también podemos oír susurros del amor de Dios por nosotras. Hoy, escucha a Dios que te llama hija suya, proclama su amor por ti e incluso se complace en ti.

Dios, te doy gracias porque, igual que Jesús, te pertenezco. Me has llamado tuya y lo soy. Enséñame a vivir hoy como tu hija amada. Amén.

ÍNDICE DE CITAS BÍBLICAS

NUEVO TESTAMENTO